马克思恩格斯生态自然观研究

马克思主义研究文库

杜晓霞 著

九州出版社

图书在版编目（CIP）数据

马克思恩格斯生态自然观研究 / 杜晓霞著. -- 北京：九州出版社，2023.7
ISBN 978-7-5225-1878-7

Ⅰ.①马… Ⅱ.①杜… Ⅲ.①马克思主义－生态学－研究 Ⅳ.① A811.693

中国国家版本馆 CIP 数据核字（2023）第 101597 号

马克思恩格斯生态自然观研究

作　　者	杜晓霞　著
责任编辑	刘　嘉
出版发行	九州出版社
地　　址	北京市西城区阜外大街甲 35 号（100037）
发行电话	（010）68992190/3/5/6
网　　址	www.jiuzhoupress.com
印　　刷	唐山才智印刷有限公司
开　　本	710 毫米 × 1000 毫米　16 开
印　　张	10.5
字　　数	111 千字
版　　次	2023 年 8 月第 1 版
印　　次	2023 年 8 月第 1 次印刷
书　　号	ISBN 978-7-5225-1878-7
定　　价	85.00 元

★ 版权所有　侵权必究 ★

前　言

和谐的生态环境是当今人类生存的基本需求，生态自然是人类的生存家园，人类从自然家园中获取赖以生存的自然资源，当下这一需求却呈现为问题状态。今天的我们生活在一个充满风险的世界，气候变化引发的全球性问题成为人类文明进步的痛点。严峻的生态形势日益威胁人类的生存和发展，促使我们开始不断反复思考人与自然的关系。应对这一课题，作为马克思主义研究者，首先会想到马克思恩格斯的生态观。回首二十世纪以来，没有哪一门学说能够像马克思恩格斯那样给人类的生活带来如此巨大而深刻的影响。

在过去一个多世纪里，马克思恩格斯自然观研究算不上一个很核心的理论问题，更谈不上生态思想。但是从二十世纪六七十年代开始，生态学马克思主义这个研究领域开启以来，其具有时代感的议题和具体的实践指向，呈现出与人类文明发展休戚相关的重要意义。在马克思恩格斯的著作中，较少能看到他们就生态环境问题作出论述，但是在他们的字里行间却到处充满着对生态自然观思想的卓越追求，人类的生存和社会的发展，需要一个良好的自然环境。协调人与自然的关系，遵循自然规律，社会才能健康发展。这是人类经历长期发展特别是工业化带来的"生态危机"后取得的共识。生态自然观在马克思恩格斯生态思想当中占有重要地位。

基于对文献和以往理论的分析，围绕马克思恩格斯生态自然观的实现机制，本文提出四个研究问题：一，马克思恩格斯生态自然观的理论渊源是什么？二，马克思恩格斯生态自然观的主要内容与特征？三，如何从哲学视角审视马克思恩格斯生态自然观？四，西方生态思想又是如何在辩论、继承中发展马克思主义生态自然观？

针对这些研究问题，研究一考察第一个研究问题，即马克思恩格斯生态自然观的理论渊源是什么。本书的思想起点从西方的自然观念开始引入，由此展开了对马克思恩格斯自然观的追溯，关于马克思恩格斯的生态自然观，是伴随着马克思恩格斯整体思想的发展而发展的，包括早期的处于青年黑格尔派时期，以自然为主要内容的生态思想；以及后来深受费尔巴哈人本主义影响的以人的本质为主要标准的生态自然观；乃至最终在唯物史观建立之后，以科学的世界观和方法论分析总结的马克思恩格斯的生态自然观思想。马克思恩格斯生态自然观经历了一个长期发展过程：首先，自然哲学发展历史中的几种主要范式；其次，生态自然观的确立有其现实根源："生态危机"；最后，马克思恩格斯生态自然观有其悠久的理论渊源：对伊壁鸠鲁派与斯多葛派的批判和继承、并受黑格尔辩证法的影响，肯定人与自然和社会环境"自由意志"，包含了人具有能动性实践的思想，对费尔巴哈机械化唯物主义观进行批判，并继承了人是自然界的产物的观点，但是认为费尔巴哈的"人化自然"是一种主观想象和主观活动，"没有把他们当作感性的人的活动，当作实践去理解"，而马克思恩格斯则重新定义了"人化自然"。

　　研究二考察马克思恩格斯生态自然观的主要内容和特征。

　　在马克思恩格斯的生态思想发展当中，人化的自然界是马克思恩格斯生态自然观理论的核心，人所生存之自然作为马克思恩格斯的现实的参考物，而并非去抽象化地谈论自然；自然不依赖于人的意志而独立存在，人属于自然的一部分，是马克思人化自然观认同的基本观点之一；人与自然之间的实践关联只有在科学的实践方式基础上才会有合理的生态关系。人化的自然是马克思恩格斯生态自然观的理论对象。不去抽象谈论自然，而把自然作为人的劳动实践的对象并将自然打上人化的烙印，这种作用在社会发展中包含了异化的可能性，人类与其生存得以实现的"天然空间"和谐共处即是人化的自然，假使变成奴役人类的"地狱"就是其中异化的体现，这是马克思恩格斯人化自然观的基本特质。

　　研究三针对马克思恩格斯生态自然观进行哲学审视。从本体论、认识论、存在论、价值观和唯物史观哲学视角分析得出：马克思恩格斯以强烈的前瞻意识，从宏观的角度对各种关系作整体的科学的认识，从历史的角度强调自然的优先性，从认识论角度探求实践对认识自然世界的作用与意义，从人类生存的角度启发我们将视野转向我们生存的世界，以及从价值观和唯物史观的角度深刻地预见到了随着人与自然关系发展所带来的一系列人与自然、生态与社会的问题，既唯物又辩证地阐明了人与自然双向依赖和双重建构的对立统一关系，提出了争取人类进步和环境发展双赢的策略，从社会关系和制度保证等方面揭示了合理地调节人与自然的物质变换，促使生态与环境优化的途径和方法。马克思恩格斯在唯物史观的基础上，建立了科学的生态自然观思想，把人—自然—社会作为整体，从人类生存的生态事实出发，坚持了实践论、历史评价、人本导向等考察领域，深刻批判了资本主义条件下生态破坏的社会根源。马克思的哲学思想深入其全部领域，由此所产生的马克思恩格斯生态自然观对近代自然观具有全面的超越性质。

研究西方生态思想又是如何在辩论、继承中发展马克思主义生态自然观。

对马克思恩格斯生态自然观进行当代阐释，必不能离开当代西方的生态语境而孤芳自赏，这一语境提供了话语表达，更提供关注现实生态问题的理论平台。因此，当马克思恩格斯生态自然观遭遇到西方生态思想，这是一种对话式的遭遇，是伦理批判与历史批判的视域对话。以生态实践为基础，人与自然可以协调发展。针对当前全球化发展出现的生态问题，从马克思主义文本中寻获生态问题之社会根源，从而找到解决生态问题的社会方法，这是西方生态学马克思主义的基本思路，以威廉·莱斯、詹姆斯·奥康纳、J. B. 福斯特为代表的西方生态学马克思主义从马克思主义理论出发，开发了马克思恩格斯生态自然观的现实价值，作出了杰出的理论贡献。生态学马克思主义立足于马克思主义立场、观点和方法，对资本主义制度展开生态批判，作出了非常重要的理论贡献。但是，由于无法跳出资本主义制度框架本身，显示出了其理论的局限性。当然，马克思恩格斯的生态自然观既是马克思恩格斯刻苦钻研、对理论问题孜孜以求、不断探索的思想结晶，也是马克思恩格斯与形形色色的非科学的生态理论进行论战的产物，马克思恩格斯的生态自然观思想在发展中始终保持着科学的光芒。

在发展的时代主题中，马克思恩格斯生态自然观的当代性质是以生态问题全球化为语境，以关注人类合理的、持续的生存为基本特质，以重组社会秩序为基本途径，以参与到后现代生态主义的对话为理论特色的基本样态，对于建设当代生态现代化具有理论意义和现实意义。事实证明，人类社会越是进步，对生态和环境的品质要求越高，对人与自然的和谐关系越是期待。两个世纪前，马克思恩格斯批判资本主义生产方式并指出其生态弊病，预言只有共产主义条件下才能实现自然主义和人道主义的统一，才能实现人与自然的和谐。今天我们仍然生活在马克思所指向的历史大视野中。

著作写至此，首先感谢我的博士导师东北大学马克思主义学院陈凡教授。恩师为人谦和、治学严谨。他以厚重的人格、博大的情怀教育我如何做人、做事，他慎思明辨、诲人不倦的学术精神以及宽广渊博的学识深深影响了我，如黑暗处一盏明灯照亮了我前行的路，他的帮助和启迪使我终身受益匪浅。同时，我还要感谢东北大学马克思主义学院秦书生教授，秦老师在百忙之中给予著作的框架结构以及写作思路专业性的指导，使我更有效的将此书进行下去。以及感谢东北大学科学技术与社会研究中心的罗玲玲教授、郑文范教授、王健教授、陈红兵教授、朱春艳教授、包国光教授在本文写作过程中给予的指点和帮助。在此向上述老师表示真诚的感谢。诚挚感谢本文所有参考文献的作者们,他们的辛勤劳动和深入研究,极大地开阔了我的写作视野和写作思路,在此向这些学者们表示崇高敬意。

目　录

第1章　绪　论 … 1
1.1　问题的提出、研究意义 … 1
1.1.1　问题的提出 … 1
1.1.2　研究意义 … 2
1.2　国内外相关问题研究述评 … 3
1.2.1　马克思恩格斯对生态自然观的经典概括 … 3
1.2.2　国外学者对于马克思恩格斯生态自然观的研究 … 7
1.2.3　国内学者对于马克思恩格斯生态自然观的研究 … 14
1.2.4　小　结 … 23
1.3　研究思路 … 23
1.4　研究方法 … 24
1.4.1　文献研究法 … 24
1.4.2　比较—综合—分析的方法 … 24
1.4.3　理论联系实际的方法 … 25
1.5　创新点 … 25

第2章　生态自然观的演进及马克思恩格斯生态自然观的确立 … 26
2.1　生态自然观的历史演进 … 26
2.1.1　自然哲学发展史中的几种主要范式 … 26
2.1.2　生态自然观确立的现实根源："生态危机" … 32

2.2 人与自然的分离，马克思恩格斯对异化劳动与资本的批判 …… 35
　2.2.1 自然的"异化" ………………………………………… 35
　2.2.2 批判"异化劳动" ……………………………………… 37
　2.2.3 生态领域中的资本主义生产方式批判 ………………… 39
2.3 马克思恩格斯生态自然观的理论渊源 ………………………… 40
　2.3.1 对伊壁鸠鲁派与斯多葛派的批判和继承 ……………… 40
　2.3.2 对机械唯物主义自然观的批判和继承 ………………… 42
　2.3.3 黑格尔客观唯心主义对马克思恩格斯的影响 ………… 43
　2.3.4 马克思恩格斯对费尔巴哈旧唯物主义自然观的继承与批判 …… 46

第3章 马克思恩格斯生态自然观的主要内容与特征 ……… 51
3.1 马克思恩格斯生态自然观的出发点：人与自然的历史统一 …… 51
　3.1.1 自然是人的感性生存世界 ……………………………… 52
　3.1.2 人的自然存在和自然的人的存在 ……………………… 55
　3.1.3 自然的"生产力" ……………………………………… 59
3.2 马克思恩格斯生态自然观的主要内容 ………………………… 62
　3.2.1 人与自然和社会有机统一的生态认识论 ……………… 62
　3.2.2 人类主体价值与自然优先性的生态统一论 …………… 64
　3.2.3 人与自然界进行物质交换的生态关系论 ……………… 66
　3.2.4 人与自然界冲突对立的生态危机论 …………………… 74
　3.2.5 人与自然相处的生态和谐伦 …………………………… 76
3.3 马克思恩格斯生态自然观的基本特征 ………………………… 78
　3.3.1 系统性思维 ……………………………………………… 78
　3.3.2 循环性思路 ……………………………………………… 80
　3.3.3 社会历史的人本取向特征 ……………………………… 81

第4章 马克思恩格斯生态自然观的哲学审视……83
4.1 马克思恩格斯生态自然观本体论审视……83
4.1.1 自然的先在性与物质性……84
4.1.2 自然是客观存在物的总和……86
4.1.3 历史本体论……88
4.2 马克思恩格斯生态自然观认识论审视……89
4.2.1 人与自然认识关系中的主体与客体……90
4.2.2 以实践为基础的人与自然的认识关联……92
4.3 马克思恩格斯生态自然观存在论审视……95
4.3.1 自然存在到社会存在……95
4.3.2 从自在的实体性存在到对象性的实践生存论的变革……96
4.4 马克思恩格斯生态自然观价值论与唯物史观审视……98
4.4.1 马克思恩格斯生态自然观价值论审视……98
4.4.2 马克思恩格斯生态自然观唯物史观审视……102
4.5 小 结……106

第5章 马克思恩格斯生态自然观与西方生态思想之比对……107
5.1 早期西方马克思主义生态自然观研究……107
5.1.1 卢卡奇著名的"物化意识"与"三种自然"……108
5.1.2 施密特"非本体论"与"被社会中介的自然"……111
5.2 "生态学马克思主义"内容与特点……117
5.2.1 生态学马克思主义产生的理论背景……117
5.2.2 生态学马克思主义理论主张……119
5.2.3 生态学马克思主义理论特点……123
5.2.4 局限性考量……126
5.3 马克思恩格斯生态自然观与生态学马克思主义的相融性……128
5.3.1 人与自然的关系……128
5.3.2 资本主义制度与生态危机之间的必然联系……131

5.3.3 解决生态危机根本路径 ………………………………… 134
5.4 马克思恩格斯生态自然观与生态学马克思主义理论差异性 …… 136
　　5.4.1 对资本主义基本矛盾的阐释…………………………… 136
　　5.4.2 对社会主义基本特征的理解…………………………… 138
5.5 小　结 ………………………………………………………… 141

第6章　结　论 ……………………………………………… 143

参考文献 ……………………………………………………… 145

第1章 绪 论

1.1 问题的提出、研究意义

1.1.1 问题的提出

每一个时代都有自己的问题。马克思说："问题就是自己时代的口号，是它表现自己精神状态的最实际的呼声。"二十一世纪是生态的时代，"环保""生态""绿色""低碳"已成为时尚理念和热门话题。在人类进入二十一世纪之前，生态危机已经是不争的事实，然而生态环境遭受的破坏仍在继续，生态问题已成为全人类共同关注的跨时代课题和现实难题。生态环境问题是"世界问题复合体"，这一复合问题的解决需要从自然、经济、政治、社会等诸多方面入手。在我国生态文明建设进入关键期之时，习近平总书记提出"生态文明"思想，为加强社会主义生态文明建设提供了根本遵循。

在人类文明推进的过程中，将生态自然视为被"征服""统治"的对象，人类对自然资源的不合理利用和对生态环境的破坏，致使地球出现各种生态环境危机。正是这种人与自然的深刻矛盾，推动了生态理论的勃兴，马克思恩格斯生态自然观理论应运而生。在对马克思恩格斯生态自然观的研究过程中，一些学者将马克思恩格斯定位为人类中心主义或者说是"彻底的自然主义"等，片面地将马克思对经济理论的研究强加于其对自然生态的看法，把自然生态看成人类经济活动的对象和劳动资料加以掠夺，实际上马克思主义的创始者们对生态自然观的追求和对当时环境现状的批判，对我们面临的转型期的中国生态改革有着极其重要的现实意义。

我国学术界从二十世纪末以来，针对全球发展语境下出现的生态问题，展开对生态自然观思想的激烈讨论，并取得了阶段性的研究成果，但这些研究成果，很大程度属于表层的描述，对深层次的理论问题触及不深，探索马克思恩格斯本人的生态自然观无疑具有重要的理论意义与实践意义。然而对于经典作家的理论著作中是否含有专门针对生态自然观的理论剖析，国内外的理论工作者持不同的看法。有学者认为，马克思恩格斯虽然理论著作浩如烟海，但是没有特别针对生态环境方面的具体探讨；有学者认为，马克思恩格斯的文本中蕴含着很多关于生态的论述，但是散落在文本各处；有学者认为，翻看马恩的著作，虽不见针对生态自然观的专门论述，但是充分体现着他们对生态自然观的追求，饱含着他们对环境破坏状况的批判。如何对这些问题给予回应，能否系统梳理出经典文本中的生态思想，总结并构建出经典作家的独特的生态理论，并给我国当代社会建设以重要启示，共同构成了当前理论研究的热点，也是本书努力思考之所在。

1.1.2 研究意义

1.1.2.1 理论意义

首先，从理论层面上看，本研究有助于丰富和发展马克思恩格斯生态自然观。马克思恩格斯生态自然观是马克思主义生态思想的理论基础。本书通过对马克思恩格斯生态自然观的形成，马克思恩格斯生态自然观的主要内容、特征、哲学审视以及当代价值的研究，在一定程度上深化和发展马克思恩格斯生态自然观。

其次，本研究有助于完善中国马克思主义生态思想，厘清马克思恩格斯生态自然观与科学发展观之间的指导与贯彻的思想脉络，丰富科学发展观理论。同时也在中国特色社会主义建设实践中彰显马克思恩格斯生态自然观的新的指导思想地位与价值作用。

1.1.2.2 实践意义

首先，本研究马克思恩格斯的生态自然观思想及其当代性的解释可以为建构当代生态哲学提供启示，这一启示将导向人的实践化、社会化生存中的生态和谐。实现生态可持续化，是构建社会主义和谐社会的题中应有之义。马恩的生态自然观思想对于当下构建社会主义和谐社会，具有重要的借鉴意义。

其次，本研究为我国相关部门制定有关生态文明的政策提供依据，为建立生态保护体系提供理论指导。马克思恩格斯生态自然观展示了人与自然、社会关系的辩证图景，在全球问题日益严重的今天，这种生态自然观在辩证唯物主义视野内，为人们认识和解决问题提供了线索，也为当今人类摆脱生态困境、化解生态危机指明道路。

1.2 国内外相关问题研究述评

1.2.1 马克思恩格斯对生态自然观的经典概括

马克思、恩格斯并不是生态学家或环境学家，也没有专门写过生态学或环境学方面的专著，但马克思、恩格斯作为"为全人类解放而工作"的思想家和革命家，虽从作品中很少能够找到有关生态自然观方面的集中论述，但是，仍旧可以发现他们对生态自然的深刻认识，发现他们对于生态自然观的经典概括。

在马克思恩格斯生态自然观中，由于时代发展中矛盾的重点不同，十九世纪，第一次工业革命和第二次工业革命相继开始，人类发展的重心在于经济、政治和社会，人们运用马克思主义指导实践解决时代矛盾也面临着三方面的问题——经济危机、政治危机和社会危机。后继的马克思主义研究者更多地将马克思恩格斯关于这三方面的理论成果运用于二十世纪广泛而深远的世界革命运动中去。时代矛盾之重点不一样,人类关注之重点亦不一样,但并不能否认马克思恩格斯经典理论存在生态自然观思想。

马克思认为,"在私有财产和金钱的统治下形成的自然观,是对自然界的真正的蔑视和实际的贬低。"① 旧的自然观为了利益的目标而去征服自然,必然不能实现对自然的真正尊重。马克思恩格斯主张,人类需要建立新的自然观,要把自身的位置从自然界"之外"调整到自然界"之中"。学会正确地理解自然规律,尊重自然,不要对自然界恣意妄为,我们时刻都要牢记马克思恩格斯的劝告,"人靠科学和创造天才征服了自然力,那么自然力也对人进行报复"。②

马克思恩格斯生态自然观认为,人类是由自然界不断发展到适当历史阶段的产物,马恩指出,"单纯的自然物质,只要没有人类劳动物化在其中,也就是说,只要它是不依赖于人类劳动而存在的单纯物质,它就没有价值,因为价值只不过是物化劳动……"③ 人是自然界生存和发展内在有机组成部分,自然界提供给人类生存和发展资料,并且要么间接,要么直接作用于人类的发展过程。马克思在著作中把自然界比作人类的身体:一个有"劳动"能力的人同其他生物共同组成的一个有机体,它容纳了人类作为独立个体的存在并且提供与之相适应的、可以自我生存和发展的物质资料,人类同这些物质资料相互作用的过程,就形成了人所为人的人类发展史。人之所以同自然界相联系(包括肉体生活和精神生活),不外是指两者间相互作用、相互依存的体现。"土地只有通过劳动、耕种才对人存在。"④ "社会生产内部的无政府状态将为有计划的自

---

① 马克思恩格斯全集(第1卷)[M]. 北京:人民出版社,1956:448-449.
② 马克思恩格斯全集(第18卷)[M]. 北京:人民出版社,1964:342.
③ 马克思恩格斯全集(第46卷)上[M]. 北京:人民出版社,1971:337.
④ 马克思恩格斯全集(第42卷)[M]. 北京:人民出版社,1971:114.

觉的组织所代替。生存斗争停止了。于是，人才在一定意义上最终地脱离了动物界，从动物的生存条件进入真正人的生存条件。"① "达尔文并不知道，当他证明经济学家们当作最高的历史成就加以颂扬的自由竞争、生存斗争是动物界的正常状态的时候，他对人们、特别是对他的本国人作了多么辛辣的讽刺。只有一种能够有计划地生产和分配的自觉的社会生产组织，才能在社会关系方面把人从其余的动物中提升出来，正像一般生产曾经在物种关系方面把人从其余的动物中提升出来一样。"②

马克思恩格斯生态自然观认为，人与自然必须和谐相处。首先具有主观能动性的人为了自身的生存不得不同自然发生关系，既是一种自然而然的过程，对于自然存在物的人来说也是一种被迫而无可奈何之举。其次，不论人类认为同自然发生关系是一种主动还是被动，都要遵循自然的法则，无止境地榨取自然资源，破坏生态平衡，反过来自然要压迫人，报复人类。马克思认为："历史本身是自然史的即自然界成为人这一过程的一个现实部分。"③ "而人本身是自然界的产物，是在自己所处的环境中并和这个环境一起发展起来的。"④

马克思恩格斯生态自然观认为，作为对象的自然界是人的实践的产物，从人和动物的区别出发来分析问题，而这种分析又着眼于"实践"这个角度。"通过实践创造对象自然界，即改造无机界，证明了人是有意识的类存在物，……诚然，动物也生产。……动物的生产是片面的，而人的生产是全面的；动物只是在直接的肉体需要的支配下生产，而人甚至不受肉体需要的支配也进行生产，并且只有不受这种需要的支配时才进行真正的生产；动物只生产自身，而人再生产整个自然界。"⑤

---

① 马克思恩格斯全集（第20卷）[M]．北京：人民出版社，1971：307-308．
② 马克思恩格斯全集（第20卷）[M]．北京：人民出版社，1971：375．
③ 马克思恩格斯文集（第42卷）[M]．北京：人民出版社，1979：128．
④ 马克思恩格斯文集（第9卷）[M]．北京：人民出版社，2009：38．
⑤ 马克思恩格斯全集（第42卷）[M]．北京：人民出版社，1979：96-97．

马克思恩格斯在一百多年前提出了一个独具创意的命题：只有在共产主义社会中生活，人与自然的矛盾才可以得到真正合理的解决。"只有在社会中，人的自然的存在对他说来才是他的人的存在，而自然界对他说来才成为人。因此，社会是人同自然界的完成了的本质的统一，是自然界的真正复活，是人的实现了的自然主义和自然界的实现了的人道主义。"①

马克思恩格斯在分析人与自然关系的基础上又对人与社会或说是人与人之间的关系作了分析阐述。人类对自然的征服、占有过程，正是人们从事生产劳动的过程，也是不断建立人与人之间关系的过程。在这个统一的整体中，人面临着两种基本的关系：一种是人与自然的关系；另一种是人与人所结成的社会关系。这两种关系是相互影响、相互作用和相互制约的。他说："只有在社会中，自然界才是人自己的人的存在的基础。只有在社会中，人的自然的存在对他说来才是他的人的存在。"②"人和人之间的直接的、自然的、必然的关系是男女之间的关系。在这种自然的、类的关系中，人同自然界的关系直接就是人和人之间的关系，而人和人之间的关系直接就是人同自然界的关系，就是他自己的自然的规定。"③

马克思、恩格斯从侧面论证了异化劳动是自然界丧失人类性，"自然界的人的本质只有对社会的人说来才是存在的；因为只有在社会中，自然界对人说来才是人与人联系的纽带，才是他为别人的存在和别人为他的存在，才是人的现实的生活要素；只有在社会中，人的自然的存在对他说来才是他的人的存在，而自然界对他说来才成为人。因此，社会是人同自然界的完成了的本质的统一，是自然界的真正复活，是人的实现

---

① 马克思恩格斯全集（第42卷）[M]. 北京：人民出版社，1979：122.
② 马克思恩格斯全集（第42卷）[M]. 北京：人民出版社，1979：122.
③ 马克思恩格斯全集（第42卷）[M]. 北京：人民出版社，1979：119.

了的自然主义和自然界的实现了的人道主义。"①

马克思恩格斯不仅揭示资本主义社会中的阶级矛盾，而且提出了未来人类与自然和谐相处的共产主义社会："这种共产主义，作为完成了的自然主义，等于人道主义，等于自然主义，它是人和自然界之间、人和人之间的矛盾的真正解决。"②

马克思恩格斯生态自然观提出，人与自然以及人与社会的"两大提升"和"两大和解"的思想。恩格斯认为人类社会的漫长发展过程必将经历两次提升："只有一个有计划地从事生产和分配的自觉的社会生产组织，才能在社会方面把人从其余的动物中提升出来，正像生产一般曾经在物种方面把人从其余的动物中提升出来一样。"③ 人从自然界以及人从社会中的"两次提升"的过程也是人与自然以及人与社会的"两大和解"的过程。恩格斯曾深刻地指出："我们这个世纪面临的大变革，即人类同自然的和解以及人类本身的和解。"④

马恩将"自然—人—社会"看作一个整体，将解决人与人和人与自然两对矛盾联系在一起的研究方法，为人们建构环境和谐社会提供了基本向度。

1.2.2　国外学者对于马克思恩格斯生态自然观的研究

马克思恩格斯生态自然观是马克思主义的重要组成部分，研究马克思恩格斯生态自然观的一个关键性前提是马克思恩格斯与生态自然观的关系，即马克思恩格斯是否具有生态自然观思想，西方学者在马恩和生态自然观的问题上有三种意见：一派是马克思恩格斯的反生态观点，认为在马克思恩格斯现有理论框架中无法解释和解决生态自然观提出的新

---

① 马克思恩格斯全集（第42卷）[M]. 北京：人民出版社，1979：121-122.
② 马克思恩格斯文集（第1卷）[M]. 北京：人民出版社，2009：185.
③ 马克思恩格斯选集（第4卷）[M]. 北京：人民出版社，1995：275.
④ 马克思恩格斯全集（第1卷）[M]. 北京：人民出版社，1956：603.

问题，主张抛弃马克思恩格斯理论的中心成分，代之以新的理论体系；一派认为马克思的理论包含系统的生态自然观思想；第三派的观点处于前两派之间，承认在生态学基础上已对马克思恩格斯提出了严重的挑战，同时也相信马克思恩格斯生态自然观中存在着既有的答案，即马克思恩格斯思想中本来就包含保护生态的思想，马克思恩格斯的思想是绿色的。

1.2.2.1 早期西方马克思主义自然观研究

早期的西方马克思主义者根据时代发展特点，提出重新理解马克思并"修正""补充"马克思恩格斯理论的主张。"思维就意味着超越"是西方马克思主义最显著的特征。以卢卡奇、葛兰西和柯尔施为代表的早期西方马克思主义理论家，反对流行的马克思主义知识论与实证论的解读模式，提出要重新恢复对马克思自然观本质的认识。

卢卡奇是生态学马克思主义的思想先驱，《历史与阶级意识》与《关于社会存在的本体论》这两部著作系统研究了马克思恩格斯的自然观，并在此基础上确立了西方马克思主义自然观的核心观点。他不仅直接批判了资本主义社会所导致的自然和人的异化，更重要的是他对辩证法概念的界定：主体和客体之间的相互作用。他指出："自然是一个社会范畴。"卢卡奇认为，在任何一个社会中，一个人所直接面对的自然只能从社会的经济结构出发才是可以理解的和有价值的，自然的演化史实际上是"自然界的界限"不断退缩，社会经济不断扩张的历史，离开了人和社会的自然只是一个理论上的假设。认为社会是：带有特殊规律的自然界的特殊成分，而这些规律，如果愿意的话，可以称为自然规律。在卢卡奇看来，这样把历史归结为自然，把自然规律作为普遍的因果法则纳入社会，支配社会，没有充分地估计到主观因素和能动性的作用。卢卡奇的理解不仅与马克思的"人化自然"思想相吻合，也与恩格斯对自然主义历史观的批判相一致。

柯尔施在《卡尔·马克思》中指出："人是历史的创造者，认为应该从人的实践出发理解历史的意义，人是现实中的人，因而应该将自然界纳入人类历史的研究中去。"① 这能够科学地认识马克思主义人化自然观的本质。

葛兰西认为："将社会历史实践及其规律降低为自然物质的自然规律，就是将马克思主义哲学降低为旧唯物主义。"自然"不应看成是自然科学和唯物主义形而上学意义的东西而应被看成是被生产和科学社会历史组织起来的东西，至于自然科学也应相应的看成是一个历史范畴，是一种人类关系"。

1.2.2.2 法兰克福学派对马克思恩格斯生态自然观的研究

法兰克福学派是西方马克思主义研究中最重要的一个学派，在对马克思恩格斯自然观的认知与理解上，其理论核心是人与自然的关系问题。法兰克福学派的主要代表人物有霍克海默、阿多尔诺、马尔库塞、弗洛姆、施密特等，他们都很重视对人与自然的关系及生态危机问题的研究。

施密特在《马克思的自然概念》中认为，马克思把一切自然存在都看成是被人的劳动加工过的、过滤过的社会劳动的产物，强调人和自然的以实践为中介的高度统一，因而马克思的自然概念具有"社会的历史的性质"。马克思所说的自然界的优先地位虽在这里仍保持着，但这种优先地位也只能存在于人的实践、人的意识对自然的中介之中。人与自然均为实践的构成要素，而工业现代化的飞速进程导致自然在构成社会活动要素中的地位，它的客观规定性逐渐纳入主观之中。施密特对马克思的生态自然观的挖掘还体现在"社会存在向自然物质的退化"和"人与自然的物质变换"的观点中。在施密特看来，人与自然的物质变换是接近于马克思自然科学的概念。

霍克海默和阿多诺在《启蒙的辩证法》中指出："人们想从自然界学到的东西，都是为了运用自然界，完全掌握自然界和人。除此之外没

---

① [德] 柯尔施. 卡尔·马克思 [M]. 熊子云，翁廷真，译. 重庆：重庆出版社，1993：191.

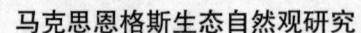

有别的目的。"① 也就是说，人们要从自然中学习的东西，就是如何使用它，以便掌握自然和统治自然。因此霍克海默和阿多诺的结论是：历史的目标不应是对自然的统治，而应是与自然的和解。

继霍克海默和阿多诺之后，马尔库塞在《单向度的人》《反革命与造反》《历史唯物主义的基础》《理性与革命》《自然与革命》《爱欲与文明》等著作中指出："个体付出的代价是，牺牲了他的时间、意识和欲望；而文明所付出的代价则是，牺牲了他向人们许诺的自由、正义和和平。"② 马尔库塞认为社会的历史就是人控制自然的历史，或者是生存斗争的历史。人在生存斗争中，在控制自然的过程中会获得自由。马尔库塞把控制自然看作是中性的。他并不反对控制自然，反对的是对自然的压迫的控制；"在此情况下，征服自然就是减少自然的蒙昧、野蛮——也暗指减少人对自然的暴行，土壤的耕作本质上不同于土壤的破坏，自然资源的提取本质上不同于浪费性的开发，开辟森林空地本质上不同于大规模砍伐森林"。③ 马尔库塞对控制自然的这一辩证认识开辟了生态学马克思主义的先河，同时也是和马克思的自然观相一致的。

总之，法兰克福学派以独特的视角，将自然问题、科技问题与社会问题联系起来。法兰克福学派的不足之处在于片面、悲观地理解科技的社会功能，离开生产方式抽象谈论人与自然的关系，因此没有认识到马克思恩格斯自然观的社会意义。

1.2.2.3　生态学马克思主义对马克思恩格斯生态自然观的研究

西方马克思主义学者开始研究马克思、恩格斯的生态自然观，面对

---

① [德] 马克斯·霍克海默，本奥多·阿多诺. 启蒙的辩证法 [M]. 渠敬东，曹卫东，译. 上海：上海人民出版社，2003：10.

② [美] 赫伯特·马尔库塞. 爱欲与文明 [M]. 黄勇，译. 上海：上海译文出版社，1987：71.

③ [美] 赫伯特·马尔库塞. 单向度的人 [M]. 刘继，译. 上海：上海译文出版社，1989：213.

第 1 章 绪 论

资本主义国家中存在的生态环境危机，以期从社会制度层面解决资本主义国家问题，并逐渐形成生态学马克思主义派。生态学马克思主义产生于二十世纪七十年代世界范围内颇有影响的"绿色运动"中，其宗旨是批判和反思现代工业社会在人与自然关系上的种种失误，目的在于寻找一条克服人类生存危机、通向新社会的现实出路。主要代表人物有加拿大学者威廉·莱斯，法国学者安德鲁·高兹，德国学者瑞尼尔·格伦德曼，英国学者戴维·佩柏以及美国学者本·阿格尔、詹姆斯·奥康纳、约翰·贝拉米·福斯特等。

加拿大学者威廉·莱斯的《自然的控制》《满足的极限》集中论述了自然的控制与人的控制，是整个生态学马克思主义的代表作。莱斯认为造成生态危机的真正根源是积淀在人们头脑中控制自然的观念，而解决环境问题的关键也在于改变人们原有的控制自然的观念。科学技术只是控制自然的工具，而导致对自然进行肆无忌惮的盘剥的是使用工具的人的观念。他从意识形态批判的角度抓住了生态危机和环境问题的要害，给人以深刻的启示。莱斯认为控制自然是当代有影响的意识形态。人类控制自然的主要功用之一，即它作为一种重大的社会意识形态的作用，阻碍对人与人的关系中新发展起来的控制形式的觉悟。这一目标所要达到的最后阶段，是对自然的控制和对人的控制在社会统治阶级的引导下，内化为个人的心理过程；它是自我毁灭的，因为消费和行为的强制性破坏了人的自由，否定了人类从人和自然的原初关系的经验中获得解放的漫长的努力。

美国学者本·阿格尔在《西方马克思主义概论》中根据马克思恩格斯消灭经济危机和异化劳动的实现方式，构想出消灭异化消费和生态危机的社会变革模式的理论。在阿格尔看来，马克思本人的资本主义危机理论已经失效了，原因不在于资本主义危机不存在了，而是资本主义危机发生了变化。在资本主义社会，危机的趋势已经转移到消费领域，即生态危机成为资本主义的主要危机。

马克思恩格斯生态自然观研究

《自然的理由》是美国当代社会生态学家詹姆斯·奥康纳研究生态学马克思主义的力作。奥康纳运用马克思恩格斯的基本理论和观点分析了资本主义生态危机产生的原因，提出了资本主义双重矛盾和双重危机。奥康纳深刻认识到马克思恩格斯自然观在生态问题上的重要性："在生态危机问题上，马克思恩格斯拥有一种能够对资本主义的矛盾做出阐述的经济危机理论。不管是在理论还是实践上，危机理论使我们勇敢面对存在于资本主义与自然之间的矛盾。"①

戴维·佩柏，是英国牛津布鲁克斯大学学者，他的代表作有《现代环境主义的根源》和《生态社会主义——从深生态学到社会公正》等，佩柏认为，马克思恩格斯关于"自然界具有优先地位"的观点包括要尊重自然的思想。他反对把马克思征服自然、控制自然的思想与破坏自然联系起来。他强调，马克思关于"控制自然"的观点并不意味着要破坏自然，其中包含有保护自然的意义。马克思恩格斯关于"控制自然"的思想归根到底是要我们重新塑造自然，而这本身包含了生态自然观的思想。重新强调了马克思恩格斯自然概念的科学唯物主义性质与"人化"特征，重新解释了自然的概念，并对马克思恩格斯关于自然异化的概念提出了自己的解释。②

约翰·贝拉米·福斯特（John Bellamy Foster）是美国《每月评论》的联合撰稿人，也是俄勒冈大学社会学教授，它所撰写的《马克思的生态学：唯物主义与自然》，结论是：在马克思的著作中有比其他一些零散的生态学家更加详细的对生态学的关注；社会与自然间的新陈代谢或称物质变换关系是贯穿整个马克思学说的根本观点，这是全面理解马克思学说的关键，也是认识到马克思不仅是一个历史的唯物主义者，也是一

---

① [美]詹姆斯·奥康纳. 自然的理由：生态学马克思主义研究 [M]. 唐正东, 译. 南京：南京大学出版社, 2003：62-63.
② [英]戴维·佩柏. 生态社会主义：从深层生态学到社会公正 [M]. 刘颖, 译. 济南：山东大学出版社, 2005：355.

个辩证唯物主义和实践唯物主义者的关键所在；马克思关于自然和新陈代谢的观点为解决生态自然观的诸多问题提供了一个唯物主义和社会历史学的角度。[①]

意大利生态社会主义理论家卢西那亚·卡斯特林那认为马克思和恩格斯的生态自然观是一贯的、明确的，而恩格斯在青年时期已成为最早的生态学家之一，他抨击资本主义工业化初期从人的躯体和智慧中、从自然环境中榨取剩余价值的毁灭性代价，这是对资本主义制度掠夺自然的一种抗议。卡斯特林那认为马克思在《1844年经济学哲学手稿》中提出了"自然的存在使人类生命延续，但并非生活的手段"的论点，批判了黑格尔主义关于人类居于超自然地位的观点，明确提出"社会是人与自然的完整统一体"的思想。

德国学者瑞尼尔·格伦德曼所著《马克思主义与生态学》，认为马克思的生产力的发展具有双重意义：第一，对自然控制的增长；第二，财富的增加或所需工作的减少。第一层意义是个人发展成为全面的人，他们能根据他们的需要和幸福塑造一个世界。第二层意义指社会经济的增长，可以用经济学的效率标准来衡量。他的结论是：生态问题和异化问题的解决都不依赖于社会结构而依赖于对技术发展的实际控制的可能性。为调整生产力使之对自然环境和人类造成的危害更小，制度的变化是必须的，但他反对把制度变化看成所有制变化的经典历史唯物主义，认为所有制关系的变革对生态问题是无效的。

豪沃德·帕森斯在他的《马克思和恩格斯论生态学》一书中认为，马恩有自己明确的生态学思想，体现为马恩关于社会与自然的辩证关系的观点，即通过劳动与技术实现的人与自然的相互转化，必将经历前资本主义的人与自然关系、资本主义的人与自然异化关系和共产主义条件

[①] [美]福斯特. 马克思的生态学：唯物主义与自然 [M]. 刘仁胜，肖峰，译. 北京：高等教育出版社，2006：68.

下的人与自然统一关系，自然的压迫也将随阶级关系的消除而消除。他认为，在《巴黎手稿》中，马克思关注生态唯物主义，这种关注后来发展为对人在社会、经济和政治的研究。

法国学者安德鲁·高兹的生态学马克思主义批判有着与众不同的特点，代表作有《作为政治学的生态学》《资本主义、社会主义和生态学》。在所有生态学马克思主义理论中，高兹从生态学的角度对当代资本主义的批判最为系统和尖锐。高兹认为，当代资本主义社会存在着各种各样的社会危机，如过度积累危机、再生产危机，这些危机都与生态问题相关，或者说都根源于生态危机。资本主义危机从根本上说是生态危机。而当代资本主义生态危机的根源则在于资本主义生产方式，这是因为资本主义生产方式崇尚经济理性原则。高兹认为克服生态危机及其他社会危机，理论家们需要的是对现代化的前提加以现代化，即给现代化设定理性的界限。①

生态学马克思主义深刻认识到资本主义制度下人与自然关系的异化，重申了自然是一个社会范畴的论断，探讨了在社会主义条件下人与自然关系协调的问题，力图通过制度转变最终解决人与自然的对抗。

1.2.3 国内学者对于马克思恩格斯生态自然观的研究

生态环境问题的不断恶化促使更多的中国学者投身到马恩的生态自然观研究中。中国的马克思主义研究多集中在新民主主义革命理论、无产阶级政党建设理论、社会主义革命和建设理论、征服和改造自然的理论、科学技术作为第一生产力的理论、主体能动性理论等方面。从总体上说，对马克思恩格斯生态自然观的挖掘不深，研究不足。这些探索和研究存在以下不足之处：第一，翻译介绍性文章较多。第二，对马克思

---

① ［法］高兹. 经济理性批判［M］. 爱德华，译. 英国：伦敦出版社，1989：113.

恩格斯生态自然观缺少系统科学的理顺。对于此领域研究甚微，而研究结果更多集中在马恩的某些生态思想的哲学论述。第三，缺少对生态建设实践的生态学总结。正如日本学者岩佐茂指出的，在对马克思恩格斯生态自然观的重视方面，社会主义国家的理论努力"是极不充分的。社会主义国家发生的公害与环境问题正是不进行这种努力的必然结果"。①他的言语虽然尖锐，但基本符合客观现实。现在已经到了系统纠偏和补课的时间了。

1.2.3.1 国内学者对马克思恩格斯经典生态自然观的概述

在国外国内成果都很少的前提下，学者们将探讨重点集中在恩格斯所阐述的自然观和马克思自然观所阐述的侧重点不同，主要存在两种观点：一是以恩格斯所阐述的自然观为主；另一个是以马克思阐述的人与自然的关系为主。

在国内居于主流的自然观是以恩格斯《自然辩证法》为基础的自然科学世界图景的观点。自然辩证法在我国成为高等教育中的一门必修课，后来演变成科学技术哲学这样的二级学科，从而可以看出生态自然观在我国科学研究中的重要性。

解保军博士在他的《马克思自然观的生态哲学意蕴——"红"与"绿"综合的理论先声》一书中认为马克思的自然概念的含义是多样性的，而绝非单一的，至少有四个维度：意识本体论维度的物质自然观；实践论维度的人化自然观；历史论维度的社会自然观；价值论维度的生态自然观。要克服人与自然的异化，必须克服社会与人的异化。②

中国社会科学院哲学所余谋昌研究员在《马克思和恩格斯的环境哲学思想》一文中就明确指出，马克思和恩格斯用实践唯物主义的观点确

---

① [日]岩佐茂. 环境的思想[M]. 韩立新，张桂全，刘荣华，译. 北京：中央编译出版社，1997：115.

② 解保军. 马克思自然观的生态哲学意蕴——"红"与"绿"综合的理论先声[M]. 哈尔滨：黑龙江人民出版社，2002：5.

立了人与自然界和谐发展的思想，作为观察现实事物和解释现实世界的依据。他还提出，马克思关于自然生产力、自然物质生产和自然物质生产过程的思想，至今具有重要的理论意义和实践意义。余谋昌从人与自然界和谐历史观的提出和确立，人与自然界历史观的基础及人与自然观的价值理论方面来研究马克思恩格斯生态文明思想，认为以整体论的思维方式看待世界是马克思恩格斯分析人与自然的关系的出发点，并提出了人与自然相和谐的重要思想。他认为，人类是自然的一部分，人的社会活动是在自然界中进行的，人依赖自然而不能脱离自然；自然是人类通过工业改变了的自然，是人类学的自然。因而，关于现实世界的研究，无论是考察历史事件，还是考察自然事件，都既要从人的视角又要从自然的视角，强调人与自然的统一，以人与自然界和谐作为世界观和方法论的哲学基础。[1]

郭贵春教授在《自然辩证法概论》中认为，马克思恩格斯自然观是马克思、恩格斯关于自然界与人类关系的总的观点，其核心是辩证唯物主义自然观。马克思恩格斯自然观是唯物的、辩证的、实践的、历史的、科学的自然观，是具有革命性、科学性、开放性的和与时俱进等特点的辩证自然观，是马克思主义自然辩证法的重要组成。中国马克思主义自然观是运用马克思恩格斯自然观的基本原理并依据现代科学技术发展的新成果，概括和总结自然界及其与人类关系所形成的总的观点；它是马克思恩格斯生态自然观的重要成果。[2]

国内最早系统论述马克思恩格斯自然观的是周义澄教授的《自然理论与现时代》，他在施密特的《马克思的自然概念》基础上，意识到中国的马克思主义研究需要这样一个研究课题。他把自然概念的发展分为三个阶段：古代自然哲学的研究；唯心论与机械论自然观批判；自然概

---

[1] 余谋昌. 马克思和恩格斯的环境哲学思想 [J]. 山东大学学报，2005 (06)：83-91.
[2] 郭贵春. 自然辩证法概论 [M]. 北京：高等教育出版社，2013：54.

念的哲学与经济学之统一。把马克思自然概念的含义加以区分：第一是作为一切存在物的总和物质，直到《资本论》研究时期，马克思一直坚持对自然作"人本身的自然"和"人的周围的自然"的理解，并认为这可归结为接近客观世界的自然概念；第二是作为人的环境的自然，在论述外部环境对人的影响时，马克思始终把作为人的周围的世界的自然界当作人的外部环境，并且认为，马克思关于自然概念的含义的论述已经含有现代系统论的科学思想；第三是作为人类活动要素的自然，人类物质生产活动是马克思唯物史观和政治经济学研究的基点。[①]

东北大学陈凡教授在《自然辩证法概论》一书中，专门有一个章节介绍生态自然观的形成、生态自然观与可持续发展、生态自然观与生态文明等内容，指出生态自然观是人们面向生态环境问题，依靠生态科学和系统科学，对自然界的存在与发展尤其是人与自然界的关系的认识。生态自然观是促进经济社会的可持续发展和生态文明建设的重要理论基础。[②]

复旦大学的周林东教授在《人化自然辩证法——对马克思自然观的解读》中写道："进一步研究和阐发马克思恩格斯人化自然的必要性，现实世界之真相的发现与其真理之重建，是密切地交织在一起的。不仅因为我们目前的建设实践是以马克思恩格斯为指导的，而且还因为这一领域仍然与人类的当代命运保持着最为内在的联系。"[③]

张明国教授在《马克思恩格斯自然观概述》中认为，马克思恩格斯自然观是马克思恩格斯在吸收朴素唯物主义自然观和机械唯物主义自然观中的先进思想以及当时的自然科学成果的基础上形成的，它形成的重要标志是辩证唯物主义和历史唯物主义自然观，它是唯物的、辩证的、

---

① 周义澄. 自然理论与现时代 [M]. 上海：上海人民出版社，1988：135.
② 陈凡. 自然辩证法概论 [M]. 北京：人民教育出版社，2010：86.
③ 周林东. 人化自然辩证法——对马克思自然观的解读 [M]. 北京：人民出版社，2008：5.

实践的、历史的、科学的自然观。马克思恩格斯自然观是在20世纪科学技术和社会进步的基础上发展起来的，系统自然观、人工自然观和生态自然观是马克思恩格斯自然观发展的当代形态，是中国马克思主义自然观的重要内容，是科学发展观和生态文明观的重要理论基础。①

山东大学教授郇庆治是国内较早系统研究马克思恩格斯自然观的学者，他从对马克思"对象性活动"概念的理论阐释出发，将马克思的人化自然观概括为以下四个方面：自然的人化是逐渐发生的历史过程；自然事物的客观必然性依然存在但有了新的意义；人的对象性活动是自然人化的实现方式；人类社会是自然人化的现实基础。并以此为基础，提出从人与自然系统共存的有条件性、人与自然关系的中介性和人类存在活动的社会性三个方面拓展马克思恩格斯的人与自然辩证关系。②

哈尔滨工业大学的叶平教授在《回归自然——新世纪的生态伦理》一书中，勾画了人与自然系统进化论产生的生态伦理，在人与自然关系中，社会群体行为对自然关系的性质取决于行为之前的决策意识，生态伦理以人与自然关系的伦理标准、道德原则或者道德规范的中介，渗透决策意识中，内化为决策信念、态度以及对决策方案选择的价值取向。③

1.2.3.2 从不同角度分析和研究马克思恩格斯生态自然观理论

苏州大学的方世南教授在《马克思环境思想与环境友好型社会研究》中，系统梳理马克思环境思想的主要内容，阐明了马克思唯物史观与当代环保思想的一致性；从马克思关于"自然—人—社会"系统关系思想揭示自然系统与社会系统的关联性以及人与自然和谐对于人与社会和谐的意义；运用马克思恩格斯的生态自然观和方法论，论证了人与自

---

① 张明国. 马克思主义自然观概述 [J]. 北京化工大学学报, 2012 (04): 35.

② 郇庆治. 自然环境价值的发现: 现代环境中的马克思主义自然观研究 [M]. 南宁: 广西人民出版社, 1994: 56.

③ 叶平. 回归自然——新世纪的生态伦理 [M]. 福州: 福建人民出版社, 2004: 6.

第 1 章 绪 论

然双向作用和双重建构的辩证关系；揭示马克思环境思想的基本特点，以马克思在环境问题上的唯物论观点、辩证法观点和具有前瞻性的眼光指导和谐社会建设。

长安大学教授杜向民在《当代中国马克思主义生态观》一书中分析中国马克思主义生态自然观的主要观点，分别从社会历史向度认识人与自然关系，在社会实践中把握人与自然的"物质变换"，用长远眼光处理生态环境问题等视角切入，认为生态自然观是人类自然观的最高形式，当代生态自然观扬弃了人类社会发展过程中关于人与自然关系的各种思想源泉，吸收了最新科学技术发展成果，面对现实中的新情况、新问题，运用马克思恩格斯科学的世界观和方法论，使人与自然的关系顺应生态文明时代的诉求。①

李奋生主要研究了马克思生态自然观的历史发展及新特征，并将其与可持续发展结合，提出了构建可持续的发展生态伦理观的思想。然而，在对马克思生态自然观理论价值方面没有太大的创新。②

蒋笃运深入研究了马克思的实践的人化的自然观以及其生态哲学思想，立足当前我国建设社会主义生态文明提出了自己的观点，然而他的研究仅仅局限在《手稿》，没有对马克思的基本理论进行系统的梳理。③

刘增惠的《马克思主义生态思想与实践研究》，认为马克思主义生态思想不仅是个理论问题，更重要的是个实践问题。我们研究马克思主义生态思想，目的是以其为指导，解决我们社会主义建设过程中所面临的环境问题。总结马克思主义生态思想从理论到实践的过程，有助于我们认识社会主义生态文明建设的规律，解决我们面临的环境问题，更好

---

① 杜向民，樊小贤，曹爱琴. 当代中国马克思主义生态观 [M]. 北京：中国社会科学出版社，2012：166.

② 李奋生. 马克思主义自然观的可持续发展思想蕴涵研究 [D]. 成都：成都理工大学，2003：27.

③ 蒋笃运. 论马克思人化自然观生态文明意蕴 [J]. 自然辩证法研究，2000 (10)：45.

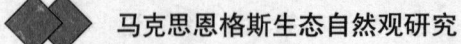

地保护环境，推进社会主义生态文明建设进程，促进社会主义经济又快又好的发展。①

中央编译局世界社会主义研究所刘仁胜博士在《马克思和恩格斯与生态学》一文中论述马克思和恩格斯关于人口、自然和社会的生态学。他指出，马克思和恩格斯的唯物主义不仅包含着非常丰富的生态观思想，而且，马克思恩格斯唯物论本身就在通过生产力与生产关系的历史运动来解决人类与自然所组成的生态系统中存在的各种矛盾。

江苏省委党校徐民华、刘希刚所著《马克思主义生态思想研究》，对马克思主义生态思想的内容体系进行了深入系统的研究，形成新的较为科学合理的阐述和概括，结合马克思恩格斯生态思想的基本理论体系，对科学发展观作出了新的阐释和论证，形成较为完整的科学发展观体系。坚持发展马克思恩格斯的人与自然关系的理论，结合中国的现实问题和发展要求，提炼推动中国可持续发展的生态支持体系。②

福州大学陶火生所著《马克思生态思想研究》，分析了中国化马克思主义生态自然观的产生和发展，一方面是通过翻译和引入生态伦理学的著作和思想来吸收和借鉴西方生态伦理学和生态学马克思主义的理论资源；另一方面，深入马克思恩格斯经典作家的文本中去挖掘思想源泉，创造生态哲学研究的繁荣局面，为建设中国特色社会主义生态文明作出特有的理论贡献。尤其是，当前国内学术界研究马克思恩格斯生态自然观多是关注马克思恩格斯的生态思想的内容及其现实指导意义，却很少考察其存在基础，从而把马克思的当代性归附于枝节之论，而不能从马克思哲学的革命性根基之处显示马克思生态自然观的当代性。③

---

① 刘增惠. 马克思主义生态思想及实践研究 [M]. 北京：北京师范大学出版社，2010：20.
② 徐民华，刘希刚. 马克思主义生态思想研究 [M]. 北京：中国社会科学出版社，2012：2.
③ 陶火生. 马克思生态思想研究 [M]. 北京：学习出版社，2013：5.

1.2.3.3 国内学者对生态学马克思主义的讨论

随着全球性生态环境危机的出现,二十世纪九十年代之后,中国学术界涌现出不少学者关注研究马克思恩格斯关于人与自然和谐发展理论,生态马克思主义思想开始被中国学术界广为接受和认可。在生态学马克思主义研究方面不少学者探讨马克思恩格斯与生态学的关系。

王雨辰教授在《中国语境中的西方马克思主义哲学研究》中,介绍了西方马克思主义哲学研究方法论、经典西方马克思主义哲学研究、生态学马克思主义与生态文明研究,可以说从不同的视角将生态学马克思主义的方方面面展现在读者面前,为我们更好地了解生态学马克思主义奠定了理论基础。[①]

曾文婷教授的《生态学马克思主义研究》分析了生态危机成因,审视了生态社会主义理想及与马克思恩格斯的内在联系,进而对中国生态问题与生态学马克思主义进行现实解读。得出如下结论:我们绝不能因为我国现阶段经济发展迅速引起人与自然、人与人的关系紧张,就盲目接受生态中心主义和"生态学马克思主义"的"零增长"的方案,放弃发展的追求。应该以科学发展观统领全局,坚持"五个统筹",大力构建社会主义和谐社会,促进人与自然、人与人的和谐相处。[②]

李世书教授在《生态学马克思主义的自然观研究》一书中从生态学马克思主义自然观的历史发生、概念解析、政治生态学、人与自然的关系等视角评析了生态学马克思主义自然观,认为生态学马克思主义思想家正在进一步丰富与完善生态学马克思主义自然观理论,不仅从马克思恩格斯历史文本中发掘马克思主义自然理论的生态意蕴,也开拓了一些新的发展空间。生态学马克思主义必须突破发展的瓶颈,促使真正意义

---

① 王雨辰. 中国语境中的西方马克思主义哲学研究 [M]. 武汉:湖北人民出版社,2010:89.

② 曾文婷. 生态学马克思主义研究 [M]. 重庆:重庆出版社,2008:259.

上的现代马克思恩格斯生态自然观建立。①

何萍教授在《自然唯物主义的复兴——美国生态学的马克思主义哲学评析》中认为：马克思主义哲学的基石是"自然"还是"实践"，是传统马克思主义哲学与欧洲批判的马克思主义哲学争议的焦点。生态学马克思主义站在马克思主义哲学立场之上，反对欧洲批判的马克思主义对马克思的"实践""自然"概念的理解。并指出生态学马克思主义不同于传统马克思主义对"自然"狭隘的、片面的解释。主张以生态学的生物及环境的相互作用的观念重新阐释马克思恩格斯的自然观念，强调人与自然之间的文化和价值的联系，以此扬弃"技术决定论"和机械唯物主义的自然观。②

郑湘萍教授在《生态学马克思主义的生态批判理论研究》一书中详细介绍了生态学马克思主义是一种以马克思主义观点来反思当代社会生态危机的现代西方马克思主义思潮，它运用生态批判方法对资本主义社会、马克思主义进行批判，意在建构公平正义、人与自然和谐相处的生态社会主义社会，表现出鲜明的"红"与"绿"结合的理论旨趣。

胡莹在《福斯特生态学马克思主义思想研究》中，认为福斯特生态学马克思主义思想研究的内在逻辑，呈现出福斯特建构的生态学马克思主义思想学说，并突出了该学说的理论和现实意义。同时，通过对福斯特生态学马克思主义思想的研究，以生态学视角深入马克思恩格斯理论内部，开启了马克思恩格斯理论研究的新的发展路向，发展了马克思恩格斯生态自然观理论。③

---

① 李世书.生态学马克思主义的自然观研究[M].北京：中国编译出版社，2010：203.

② 何萍.自然唯物主义的复兴——美国生态学的马克思主义哲学评析[J].厦门大学学报，2004（02）：15.

③ 胡莹.福斯特生态学马克思主义思想研究[M].哈尔滨：黑龙江大学出版社，2013：78.

1.2.4 小　结

就目前来说，学术界在马克思恩格斯生态自然观方面发表的论文虽然不多，但也推动了该领域研究工作的深入，给人们很多启迪。然而，我们注意到现阶段对马克思恩格斯生态自然观的研究，无论是在理论上抑或是在实践上都存在明显不足和缺陷。理论上的不足在于浮于表层，例如：对"自然"概念界定不清晰，对"生态自然观"和"自然观"两个概念含混不清。著者认为，首先需厘定生态自然观的概念和特征，这是对马克思恩格斯生态自然观研究的基础和前提，马克思恩格斯生态自然观是以"实践的人化"为根本特征的，高度重视人在自然中的独特价值和主体地位，以人与自然的中介为核心寻求人与自然的和谐关系。再者，现阶段的理论研究中缺乏对马克思恩格斯生态自然观具体内容的深入探索。本书力争通过对马克思恩格斯自然生产力、人与自然物质变换等思想的深入挖掘，丰富马克思恩格斯生态自然观内容、特征及其哲学意蕴。现阶段对马克思恩格斯生态自然观的当代价值的研究还不够深入。马克思恩格斯生态自然观与生态危机的关系问题，不单纯是一个深刻的理论问题，更是一个紧迫的实践问题，马克思恩格斯生态自然观应当成为人类解决全球生态环境问题的重要理论根据。

1.3　研究思路

首先，本书的研究坚持辩证唯物主义和历史唯物主义的基本原则，考察和分析了生态自然观的历史演进，以生态自然观为理论线索架构马克思恩格斯生态自然观产生的时代背景和理论渊源；从分析黑格尔唯心论抽象自然观和费尔巴哈机械论自然观的哲学变革着手揭示马克思恩格斯生态自然观的主要内容和特征；以本体论、认识论、存在论、价值论和唯物史观为突破口对马克思恩格斯生态自然观进行哲学审视。

其次，本书的研究从历史与现实相统一的维度，深入挖掘马克思恩格斯经典著作和已有的文献资料，将生态学马克思主义与马克思恩格斯生态自然观进行比对，研究了生态自然观与科学发展观的承接性，探索了马克思恩格斯生态自然观的当代价值。

最后，分析马克思恩格斯生态自然观的东方转向，传承马克思恩格斯生态自然观的理论精髓，和中国具体国情和时代发展背景结合之下的理论体系，为构建中国特色社会主义，以及中国式现代化的实现提供重要的理论指引。

1.4 研究方法

1.4.1 文献研究法

文献研究法是考察历史和把握学术前沿的重要研究方法。为了要从整体上把握马克思恩格斯的生态自然观思想，根据本研究的目的和任务，通过大量查阅相关文献资料形成对事实的科学认识的方法。本研究基于对马克思经典著作以及国内外相关文献资料的研究，对马克思恩格斯生态自然观进行深入挖掘和系统整理。

1.4.2 比较—综合—分析的方法

注重相关文献的比较分析，借鉴国内外现有的相关研究成果，综合运用生态哲学、生态政治学、生态伦理学、生态社会学的学术分析方法，对早期西方马克思主义及生态学马克思主义的解构与分析，比较马克思恩格斯生态自然观与西方生态学马克思主义自然观的相融性和差异性，说明马克思恩格斯生态自然观在现代西方的历史命运和地位，并以此为基础进一步阐释马克思恩格斯生态自然观的历史和逻辑性统一，是辩证思维的重要原则和方法。

1.4.3　理论联系实际的方法

本研究坚持理论研究和实践探索相结合的方法,全面系统地研究马克思恩格斯生态自然观当代的理论价值和实践指导意义。伴随着时代主题的转换,在当代中国生态发展的语境中全面分析马克思恩格斯生态自然观,并坚持和挖掘其理论发展。

1.5　创新点

(1) 本研究的主题是马克思恩格斯生态自然观,国内学者对生态自然观问题非常关注,但将马克思恩格斯生态自然观作为一个体系来进行系统研究的论著不多。本书对马克思恩格斯生态自然观思想进行全面、系统的研究。

(2) 本研究从本体论(存在论)、认识论、价值观和唯物史观视角对马克思恩格斯生态自然观进行哲学的审视,丰富马克思恩格斯生态自然观内容。

(3) 本研究在对现代西方生态学马克思主义的吸收基础上,又将其与马克思恩格斯生态自然观进行多元对比分析与论证。以往的学者研究西方生态学马克思主义更注重内容的概括,没有作出与马克思恩格斯生态自然观的对比,本研究通过找出二者的相融性与差异性有力地增强了课题研究的合理性。

(4) 本研究延伸了马克思恩格斯生态自然观在现实发展中的理论意义和价值。突出理论与实践相结合的原则,将生态自然观理论同当代人类的生存和发展所面临的重大现实问题相结合,努力探索新时代中国特色社会主义生态可持续发展的道路。

第 2 章　生态自然观的演进及马克思恩格斯生态自然观的确立

人化的自然是马克思恩格斯生态自然观的理论对象。不去抽象谈论自然，而把自然作为人的劳动实践的对象并将自然打上人化的烙印，这种作用在社会发展中包含了异化的可能性，人类与其生存得以实现的"天然空间"和谐共处即是人化的自然，假使变成奴役人类的"地狱"就是其中异化的体现，这是马克思恩格斯人化自然观的基本特质。马克思恩格斯生态自然观经历了一个长期发展过程。首先，自然哲学发展历史中的几种主要范式。其次，生态自然观的确立有其现实根源——生态危机。最后，马克思恩格斯生态自然观有其悠久的理论渊源：对伊壁鸠鲁派与斯多葛派的批判和继承、并受黑格尔辩证法的影响，肯定人与自然和社会环境"自由意志"，包含了人具有能动性实践的思想；对费尔巴哈机械化唯物主义观进行批判，并继承了人是自然界的产物的观点，但是认为费尔巴哈的"人化自然"是一种主观想象和主观活动，"没有把他们当作感性的人的活动，当作实践去理解"；而马克思恩格斯则重新定义了"人化自然"。

2.1　生态自然观的历史演进

2.1.1　自然哲学发展史中的几种主要范式

自然观是关于人类生存的自然界以及人与自然之间总的看法、观点，

第2章 生态自然观的演进及马克思恩格斯生态自然观的确立

是人类对整个世界的最基本的哲学观点之一。自然观的演变是与科学的发展密切相关的。而生态自然观则是自然观不断发展的产物,是在新的历史条件下,立足于现代科技发展的最新成就,特别是生态学的迅速发展,创立的一种新的思维模式、一种新的价值观念。①

自然观是在唯物和唯心的碰撞中逐渐发展而来的,借助于科技进步,人类拓展了对自然界的认识和看法,唯物主义自然观的发展也经历了一个由朴素的本源性思考扩展到与人类成长发展紧密相关的过程。处于人类早期的朴素唯物主义自然观,向人类提供了本体性的根基;机械唯物主义使人们渐渐认识到自然界的最深刻的本质,那就是自然界的运动、变化、发展的规律。现代自然观为辩证唯物自然观奠定了基础。生态自然观借用科技理性地解答自然之谜。立足于迥异的发展阶段和理论形态,形成了自然哲学的几种主要范式。

2.1.1.1 古代朴素唯物主义自然观:自发唯物主义和朴素辩证法的有机结合

这是一种古老的宇宙观,在人类社会早期,人类靠采集、渔猎等手段谋生,营造适合的生存环境的能力非常有限。人们认为宇宙是由水、气、金、木、火、土、种子等单一元素或几种基本物质元素组成的。古希腊第一个哲学命题是泰勒斯的"水是万物的始基"。从一般意义上说,是强调宇宙形成的物质性,是对自然的直观反映,其理论具有整体性、直观性、朴素性等特点。正如恩格斯所说:"在希腊人那里——正是因为他们还没有进步到对自然界进行肢解、分析自然界还被当作整体、从总体上来进行观察。"② 希腊的早期哲学家思考自然时,通过追溯自然界的始源和整个世界的基础,从而获得世界论的自然哲学。由于思维水平的历史性局限,人类对事物的认识还是模糊的、不确切的。朴素唯物主义

---

① 钱俊生,余谋昌.生态哲学[M].北京:中共中央党校出版社,2004:54.
② 马克思恩格斯选集(第4卷)[M].北京:人民出版社,1995:287.

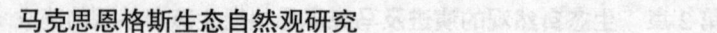

自然观的主要观点是：自然界是具有无限多样性的统一体，它体现在具体的物质形态中；自然界"都处于永恒的产生和消逝中，处于不断的流动中，处于不息的运动和变化中"①；人和其他动物都来源于自然界。

2.1.1.2 近代机械唯物主义自然观：自然界是一部人可以操控的机器

在漫长的欧洲中世纪社会，随着经济政治的发展，思维水平提高，自然科学和技术科学发展起来。从笛卡尔的二元论到牛顿等科学家力学体系的建立，古代朴素的有机论自然观已经失去了赖以存在的基础，从而宣告了一个新的自然界认识论的到来——机械唯物主义自然观。近代机械唯物主义自然观的到来给人类征服和支配自然提供了有力的思想武器，它同新兴的资本主义殖民扩张精神一起走进了近代工业文明的新时代。由于当时自然科学的主要工作，已经从过去的收集材料转变为整理材料，这就决定了近代对自然界的研究方法具有以下几个主要特点：一是把以观察实验为基础的分析方法，作为研究自然界的基本方法；二是把自然界分解为各个部分，分门别类地、孤立地去研究各种自然现象；三是由于牛顿力学达到了较为完善的程度，取得伟大成就，使人们相信力学规律是支配自然界一切现象的基本规律。② 机械唯物主义自然观是十六、十七世纪的自然哲学家们吸收当时的自然科学成果尤其是牛顿经典力学理论，概括和总结自然界及其与人类的关系所形成的总的观点。

机械唯物主义自然观的主要观点是：

第一，自然界是一个客观存在的物质世界，这种客观存在不仅在于人的肉体直观，更在于严密的科学观察和实验的证实。

第二，整个世界的本原就是实证意义上的最小的物质微粒，整个世界就是这种物质微粒的组合体。

第三，整个世界的基本图景是机器。世界的一切事物都受机械运动

---

① 马克思恩格斯文集（第9卷）[M]．北京：人民出版社，2009：418.
② 钱俊生，余谋昌．生态哲学 [M]．北京：中共中央党校出版社，2004：57.

第2章 生态自然观的演进及马克思恩格斯生态自然观的确立

原理的支配,都可以用机械运动原理解释。

第四,整个世界,遵循着严格的机械决定论原则,可以用严格的数学方程式来表示机械因果性关系。

与古希腊的朴素化自然观相比,近代机械论自然观虽有缺陷,但更有进步,进步之处在于:其一,不再用自然以外的力量和存在,而是用自然本身的状态和结构去解释自然;其二,它反对抽象思辨,强调经验和实证的方法。机械自然观能极大提升人们认识自然和改造自然的信心和勇气。恩格斯曾指出:"把自然界分解为各个部分,把各种自然过程和自然对象分成一定的门类,对有机体的内部按其多种多样的解剖形态进行研究,这是最近四百年来在认识自然界方面获得巨大进展的基本条件。"①

2.1.1.3 现代自然观:自然是相互联系、相互制约的有机整体

自然科学和天文学、物理学的迅速发展,动摇了机械自然观的自然科学基础,也为唯物辩证自然观奠定了坚实的理论基础。在天文学领域,德国哲学家康德打开了形而上学自然观的第一个缺口,他提出了太阳系起源的"星云假说",认为太阳系是从星云通过自身的运动规律,即由于吸引而不断地凝聚,逐渐发展成井然有序的天体系统。在地质学、古生物学方面,英国地质学家莱尔提出的缓慢进化说,第一次把发展、变化的思想引入地质学和古生物学,从理论上驳斥了法国古生物学家居维叶的"突变论",打开了形而上学自然观的第二个缺口。在生物学方面,细胞学说的提出和达尔文进化论的确立,给形而上学自然观打开了另一个缺口,给物种不变的形而上学观点和上帝创造世界的唯心主义谬论以致命的打击。② 总之,在自然科学领域中的新发展,打破了机械自然观,特别是十九世纪的三大伟大发现,深刻地揭示了自然界一切事物和过程的

---

① 马克思恩格斯选集(第3卷)[M]. 北京:人民出版社,1995:734.
② 钱俊生,余谋昌. 生态哲学[M]. 北京:中共中央党校出版社,2004:59.

辩证性质，正如恩格斯所说，"由于这三大发现和自然科学的其他巨大进步，我们现在不仅能够说明自然界中各个领域内的过程之间的联系，而且总的说来也能说明各个领域之间的联系了，这样，我们就能够依靠经验自然科学本身所提供的事实，以近乎系统的形式描绘出一幅自然界联系的清晰图画。"① 在现代自然观中，自然界被看成由于有新事物的不断涌现而像历史那样有着进步特征的"新世界"。变化从根本上说是前进的。事物表面的循环变化并不是真正的循环，看似循环的变化其实只是现象，本质上则是前进的、发展的。"新的自然观就其基本点来说已经完备：一切僵硬的东西溶解了，一切固定的东西消散了，一切被当作永恒存在的特殊的东西变成了转瞬即逝的东西，整个自然界被证明是在永恒的流动和循环中运动着。"② 显然，现代自然观处于一个随着人类视野不断拓展，旧的世界观被不断冲击，并且要被一个新概念逐渐取而代之的过渡阶段。现代自然观有其未突破的局限性："人对自然界的认识受到人自身的限制，自然的实践和空间是无限的，而人生命的有限性制约了我们对自然的观察和认识。人所受到的制约，还来自其所处的历史条件，自然科学是对自然的观察认识，与历史息息相关。一个人除非理解历史，否则他就不能理解自然科学；除非他知道历史是什么，否则就不能回答自然是什么这个问题。"③

2.1.1.4 生态自然观：追求人与自然和谐的实现

生态自然观是系统自然观在人类生态领域的具体体现，是辩证唯物主义自然观的现代形式之一。在日常用语中，人们常在同一个意义上使用"生态""自然""环境"等概念，或者称之为"生态环境""生态自然"等。吉林大学的刘福森教授认为，生态与环境是两个不同的概念，

---

① 马克思恩格斯选集（第4卷）[M]．北京：人民出版社，1995：246．
② 马克思恩格斯选集（第4卷）[M]．北京：人民出版社，1995：270．
③ [英]柯林伍德．自然的观念[M]．吴国盛，译．北京：北京大学出版社，2006：213．

第 2 章　生态自然观的演进及马克思恩格斯生态自然观的确立

用生态学的方法看待人同自然界的关系，只能把人看作自然界整体的普通一员，看作是普通自然物；而"环境"概念则是把人作为主体来看待人同自然物之间的关系时产生的。生态学的方法是立足于"自然整体的尺度"理解人同自然界的关系的，而把自然作为环境的研究方法则是立足于"人的尺度"理解人与自然界的关系。①

生态自然观与之前的自然观范式相比，其突出特点就是把人、自然与社会看成一个复合生态系统，这个共同体是以人的生产实践为中介建立起来的，其中人、自然和社会的联系是内生的而不是外在的。生态自然观强调生态系统是由包括人在内的各组成部分相互依赖所形成的共同体，人类不仅要尊重共同体中的其他生命，更要尊重大自然本身。只有这样，人和自然才能和谐发展。天人和谐的生态自然观，应该是给我们的后代留下发展的空间和不损害其发展能力的自然观；应该是尊重自然及其他物种的生存和发展的自然观；应该是认识自然界演化发展规律，认识自然价值的自然观；应该是使得人类对自然的改造不违背自然演化基本规律的自然观。天人和谐的生态自然观还应该是一种行动的自然观，而不仅仅停留在理解上。②

生态自然观是人类自然观的最高形式，主张人与自然的和谐统一，认为自然是人和人类社会的母体，是人自我完善的前提、自我发展的基础；自然将自身的特点通过认识和实践活动表现出来，而实践又会使自然的特性得到维护，在自然界发展的漫长过程中使自然物也得到自身的完善。当代生态自然观扬弃了人类社会发展过程中关于人类与自然界相联系的思想源泉，并吸收了科学技术发展的新成果，面对现实中的新情况、新问题、新矛盾，运用马克思恩格斯科学的世界观和方法论，在总

---

① 刘福森，曲红梅．"环境哲学"的五个问题 [J]．自然辩证法研究，2003 (03)：56．
② 魏发辰，刘建生，刘秀萍，孙夕龙．自然辩证法纲要 [M]．北京：北京交通大学出版社，2006：77-78．

结经验基础上予以哲学高度的理论概括,从而使人类的自然观顺应了生态文明时代的现时诉求。

总之,生态自然观用一种整体和系统的思维方式,向我们描述了所有生命在地球的生存状态。

2.1.2 生态自然观确立的现实根源——生态危机

所谓"生态危机",是人类活动的长期积累对自然环境所产生的综合效应,主要是指生态平衡被打破。生态平衡概念是1949年美国著名学者福格特在《生存之路》一书中提出的,他把自然界在千百万年中形成的生态特征称为"生态平衡。"当代生态危机表现在三个领域:人口生产的过度,物质资料生产过度,物质生产和人口生产的失调。

2.1.2.1 人口生产过度

实事求是地说,马克思恩格斯那个时代还不存在今天人们担忧的"人口爆炸"问题。英国有一位牧师马尔萨斯就提出:人口如果没有受到控制,人类将不得不对自身的繁衍进行"抑制"(包括道德的节制,罪恶和贫困),以迫使同样具有几何增长的内在趋势的人口繁衍本身,实际上也只按算术级数增长。① 显然马尔萨斯的人口理论具有超前性。他的理论在那个时代悲观主义色彩较浓。在对马尔萨斯的批判中,马恩的观点格外引人注目。恩格斯曾指出:"可是,马尔萨斯的理论却是一个不停地推动我们前进的、绝对必要的转折点。由于他的理论,总的说来是由于政治经济学,我们才注意到土地和人类的生产力,而且只要我们战胜了这种绝望的经济制度,我们就能保证永远不再因人口过剩而恐惧不安。我们从马尔萨斯的理论中为社会改革取得了最有力的经济论据,因为即使马尔萨斯是完全正确的,也必须立刻进行这种改革,原因是只有这种

---

① [英]马尔萨斯. 人口原理[M]. 朱泱,胡企林,朱和中,译. 北京:商务印书馆,1992:7-8.

第2章 生态自然观的演进及马克思恩格斯生态自然观的确立

改革,只有通过这种改革来教育群众,才能够从道德上限制生殖的本能,而马尔萨斯本人也认为这种限制是对付人口过剩的最容易和最有效的办法。"①

马恩主要是批判马尔萨斯把"人口过剩"归咎于"自然规律",而忽略了产生它的社会根源。这种批判现在看来是对的。如果说一百五十年前资本主义生产出了本国的"过剩人口",那么今天人口过剩的危机早已越出国界而转移到许多"穷国"身上,按马克思恩格斯所揭示的"动物界繁殖规律","贫苦人的再生产比劳动者在其自然条件下要快"。产生这种现象的现实背景是:资本主义经济运行规律正在全世界范围内发生着不可遏制的作用。当今世界人口将达八十亿,其中五分之四在发展中国家。

2.1.2.2 物质资料生产过度

人的生产与物的生产是相互联系的。马尔萨斯看到这一点,把人的生产超过物的生产倾向说成一切贫困和罪恶的根源。用恩格斯的话来说,就是"人类所支配的生产力是无穷无尽的。应用资本、劳动和科学就可以使土地收获量无限地提高"。② 这是否意味着马克思主义创始人赞成对自然资源的无限制消耗?当然不是的。马克思认为在资本主义条件下,这种对自然资源掠夺性的消耗是无可避免的。这只有在共产主义条件下才能够避免,正是"社会化的人,联合起来的生产者,将合理地调节他们和自然之间的物质变换,把它置于他们的共同控制之下,而不让它作为盲目的力量来统治自己;靠消耗最小的力量,在最无愧于和最适合于他们的人类本性的条件下来进行这种物质变换"。③ 今天,谈论地球资源的枯竭似乎稍早,不过,正像马尔萨斯人口论尽管荒谬却对人有启发作用一样。难道我们就不该重视这种警告吗?更何况这里不单纯是对自然

---

① 马克思恩格斯全集(第1卷)[M].北京:人民出版社,1956:620.
② 马克思恩格斯全集(第1卷)[M].北京:人民出版社,1956:616.
③ 马克思恩格斯全集(第25卷)[M].北京:人民出版社,1974:926-927.

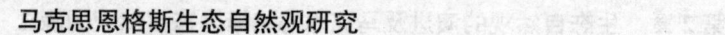

资源的掠夺问题，还涉及对自然生态环境的破坏问题。

2.1.2.3 两种生产的严重失调

人类在自然界中生存所遭受的报复在马克思恩格斯那个时代已经出现，但是他们未能预想到环境会恶化到今天这个程度。关于两种生产的失调，马克思晚年写道："由于人口增长和不可能相应地扩大所占地区，和大部分美洲部落一样，不得不或者过渡到农业和畜牧业，作为基本的营生，或者就从地面消失。"① 生产的失衡必定造成生态危机。

作为生态自然观确立的现实根源的生态危机有如下基本特性：

(1) 生态危机是人与自然对立冲突的必然结果

人与自然的对立，包含着两种含义：一是自然界并不能提供人类所希望的所有生存条件，即自然是人的对立面；二是人的行为破坏了自然界的原有面貌，即人是自然界的对立面。在原始社会，人类与自然界保持着和谐关系。这个时期人类认识自然和改造自然的能力十分有限，人类以采集与狩猎为生，社会生产力水平十分低下，形成了利用原始技术获取基本生活资料的生产方式、仅能维持个体延续和繁衍的低水平物质消费方式，以及以家庭与部落为主的社会组织方式，人口数量与平均寿命都很低，只能被动适应自然界。② 工业革命是人类发展史上一个新的里程碑，推动了生产力的巨大发展，同时人们对自然的征服、掠夺也达到了登峰造极的地步。人类活动不再局限于地球表面，已拓展到地球深处和外层空间。

(2) 机械唯物主义自然观是生态危机的哲学基础

机械唯物主义过分强调分析方法、过分强调人与自然的分离和对立的方法论，把统一的物质世界分为人类社会和自然界，并认为自然界是按固有规律运转的，人类可以认识其中的所有规律，包括各个细节。同

---

① 马克思恩格斯全集（第45卷）[M]. 北京：人民出版社，1985：212.
② 黄志斌. 自然辩证法概论新编 [M]. 合肥：安徽大学出版社，2007：66.

第 2 章　生态自然观的演进及马克思恩格斯生态自然观的确立

时，由于科学技术的发展，人们的自信心极大地增强。于是，"征服自然""统治自然"等观念逐渐形成，在强调人的主体地位、高扬人的主体性的同时，发展出人类中心主义。人对自然的实践活动，作为一种有目性的活动，是一种主体性极强的活动。在价值观指导下，发展出经济主义、消费主义、享乐主义，实行一种实际上"反自然"的生产、消费模式。这种自然观，割裂了主体与客体、局部与整体的有机联系，形成了人与自然的疏离。三百多年来，人们就是在这种自然观指导下，以利用和征服自然为目标，不断实现人对自然的统治和支配。不可否认，在这种哲学思想指导下，人类实践取得了伟大的成就，建设了现代化生活。然而，它的代价却是自然资源的枯竭、环境的污染，这种代价是沉重的，它使人类陷入困境。人是自然的主人、主宰者，自然则是人的工具。这种认识，实际上只看到人与自然的对立，没看到人与自然的统一。

2.2　人与自然的分离，马克思恩格斯对异化劳动与资本的批判

马克思恩格斯以前的自然观是对简单的、纯天然的自然界的看法，马恩所创立的辩证唯物主义自然观，突破了那种纯粹的、自然的传统观念。在他们看来，自然界的物质系统演化到一定阶段出现了人类及其活动，因此对自然界及其事物，就不能"只是从客体的或者直观的形式去理解。"[①]

2.2.1　自然的"异化"

环境污染问题由来已久，尤其是十八世纪第一次工业革命以来。蒸汽机的发明将人类带入了蒸汽时代，从此家庭作坊式的手工劳动逐渐被

---

① 马克思恩格斯全集（第 3 卷）[M]. 北京：人民出版社，1960：3.

大工厂大机器生产所替代，在之后的两个世纪里，欧洲主要国家相继完成工业革命，建立以冶金、煤炭、化工等重工业为基础的工业生产体系。这是一场科技与经济的大革命，彰显了人类对自然的改造与控制能力。而蒸汽机的推广与应用需要以煤炭作为燃料，因此，随着工业革命的全面推进，煤炭资源的价值得到了空前的提高，煤炭资源成为工业化初期的主要能源。大量的煤炭资源得到开发和利用，煤炭开采量大幅度上升，煤炭的大规模开采和燃烧，在提供动力的同时也方便人们的日常生活，却必然会释放大量的二氧化硫、二氧化碳、烟尘、一氧化碳和其他污染物。

恩格斯对英国的环境污染状况十分担忧，这也促使他进一步研究人与自然的关系，探索消除人与自然分离对峙状况的路径。在《英国工人阶级状况》一书中，恩格斯开始关注人的生存问题，可以说是人类史上第一次对此类问题进行系统研究。恩格斯在《自然辩证法》中指出："美索不达米亚、希腊、小亚细亚以及其他各地的居民，为了得到耕地，毁灭了森林，但是他们做梦也想不到，这些地方今天竟因此而成为不毛之地，因为他们使这些地方失去了森林，也失去了水分的积聚中心和贮藏库。阿尔卑斯山的意大利人，当他们在山南坡把那些在山北坡得到精心保护的枞树林砍光用尽时，没有预料到，这样一来，他们就把本地区的高山畜牧业的根基给毁掉了；他们更没有预料到，他们这样做，竟使山泉在一年中的大部分时期内枯竭了，同时在雨季又使更加迅猛的洪水倾泻到平原上。"[1]

恩格斯指出自然环境遭到污染和破坏，不但伤害了自然存在物，而且也破坏了人类正常的生活生产。恩格斯在《英国工人阶级状况》中，揭露了工人的居住环境及工作场地的卫生环境恶化，还揭露了由于高速经济发展所引起的产品公害，如河流、大气污染问题。恩格斯指出："环

---

[1] 马克思恩格斯选集（第3卷）[M]. 北京：人民出版社，1972：517-518.

第 2 章　生态自然观的演进及马克思恩格斯生态自然观的确立

境的恶化使工人阶级陷入'非人的状况',造成人的精神和肉体的双重摧残,这应在资产阶级为了发财致富去办工业这一事实中寻找原因。"①

马克思曾经认定不断提高的生产技术可以有效提高资源的利用率,资本家在追逐资源最大利用价值的同时会不断促进生产技术的进步,但是资本主义的生产方式,是最短的时间内获取最大的劳动价值,在世界各地寻找和索取廉价资源,技术的更新速度远远赶不上资源被掠夺的速度,这不仅浪费了大量自然资源,也直接危及生态环境和人类自身的发展。环境污染问题已经向人类敲响了警钟,工业革命加快社会变革的同时,也彻底改变了人与自然界从属关系的本质。

人类与自然的从属性关系发生了"异化",人类自认为对自然规律的了解足以控制和改变自然,人与自然关系的"异化"打破了自然规律,同样恶化了人和社会、自然三者之间的关系。马克思恩格斯生态自然观的基础建立在人和人之间及人和自然之间的对立之上,马克思认为私有制是"人性异化"的根源,资本家追逐利益最大化,将自然当作一个被处置的对象,这就人为地形成了人与环境之间的对立,在自然的每次反击中,人类无一避免受到巨大的生命财产损失和心灵上的创伤,这些不和谐因素直接导致了"人性的异化"。在马克思看来,私有制的生产方式被改变在人与自然环境的对立关系中是必然的,只有这样才能真正实现人与自然界的和谐。

2.2.2 批判"异化劳动"

在《1844 年经济学哲学手稿》中,马克思主要讨论"异化"(Entfremdung 或 Alienation)问题。这个词出现的频率远高于"人化",而且曾引起国际学术界的兴趣,形成一股"异化热"。马克思恩格斯在分析

---

① 杜向民,樊小贤,曹爱琴. 当代中国马克思主义生态观 [M]. 北京:中国社会科学出版社,2012:53.

"异化劳动"时已谈及"人类自身的异化"问题。人的异化是指人的本质的异化和人的社会关系的异化两方面,其结果就是导致人类关系的"非人化"。在马克思的后期著作中异化概念和异化思想仍被经常使用,在那里马克思对"异化劳动"的抽象哲学概念进行了实证研究,进一步提出了"剩余价值"理论,形成了剩余价值学说。"异化劳动"使自然界丧失人类性,最著名的论据是马克思的一段原话:"自然界的人的本质只有对社会的人说来才是存在的;因为只有在社会中,自然界对人说来才是人与人联系的纽带,才是他为别人的存在和别人为他的存在,才是人的现实的生活要素;只有在社会中,自然界才是人自己的人的存在的基础,只有在社会中,人的自然的存在对他说来才是他的人的存在,而自然界对他说来才成为人。因此,社会是人同自然界的完成了的本质的统一,是自然界的真正复活,是人的实现了的自然主义和自然界的实现了的人道主义。"①

按照马克思的劳动价值论,人类的劳动不同于动物的地方主要表现为,它对整个自然界的再创造。这包括两方面的再创造,即对人的自身自然的再创造以及对人身外自然的再创造。异化劳动导致自然界的异化,也应当同样包括"物的异化"和"人的异化"两方面。异化劳动使自然界丧失了人性,也就是人类的普遍自由的潜能遭到异化劳动无情的遏制,异化劳动者强迫劳动者服从于分工,把人改造成为片面发展的"单面人",从而严重地压抑了人的普遍性潜能;其次,它又使劳动者的劳动目的落空,劳动者不仅不能占有自己的产品,反而受自己产品的支配,从而又严重地压制了人的自由性潜能。正因为如此,马克思后来把人类发展的目标归结为人的全面发展。

在马克思恩格斯认为,异化劳动是生产劳动的片面性和反生态性的集中体现,由于现实中劳动不断产生异化,因此,在现代资本主义主导

---

① 马克思恩格斯全集(第42卷)[M]. 北京:人民出版社,1979:121-122.

第2章 生态自然观的演进及马克思恩格斯生态自然观的确立

下,工人通过异化劳动侵占外部感性自然界,使自然界发生异化。然而,异化劳动从人们那里获取了劳动生产的对象,也就从人类那里夺去了他们的无机身体即自然界。可以这样说,现代资本主义工业是产生异化劳动的集中之地,并把劳动的异化现象和反生态特质展示得淋漓尽致。

2.2.3 生态领域中的资本主义生产方式批判

资本主义生产方式本质是由资本来主导资源配置,这种配置方式决定了人们的现代性生活方式和社会的现代性。马克思认为:"资本主义生产方式的特点,恰恰在于它把各种不同的劳动,因而也把脑力劳动和体力劳动,或者说,把以脑力劳动为主或者以体力劳动为主的各种劳动分离开来,分配给不同的人。"[①] 可以说,资本是现代资本主义社会的深层物质力量,资本一旦形成扩展能力,就超越了物质生产领域。马克思指出,"使实际的生产者最深切地感到资本主义社会充满矛盾的运动的,是现代工业所经历的周期循环的各个变动,而这种变动的顶点就是普遍危机。"由于无限度地追求自行增殖,资本不仅"像狼一般地贪求剩余劳动",也造成了"对工人在劳动时的生活条件系统的掠夺,也就是对空间、空气、阳光以及对保护工人在生产过程中人身安全和健康的设备系统的掠夺,至于工人的福利设施就根本谈不上了"。资本主义生产方式的发展,导致了"现代化的灾难",这种灾难形成于资本主义超越性扩展能力。劳动力是人存在于社会的能力,是剩余价值的来源,而土地则是自然资源的标志,社会物质财富的源泉。因此,也是人的自然化存在的标志。资本主义的超越性扩展能力控制了整个资本主义社会中人与世界的关系。[②]

资本主义的普遍危机主要是人与自然、人与人之间的秩序危机,当

[①] 马克思恩格斯全集(第48卷)[M]. 北京:人民出版社,1985:63.
[②] 陶火生. 马克思生态思想研究[M]. 北京:学习出版社,2013:40.

资本主义无限扩大的生产与人们的消费处于失调状态的时候，便不可避免地爆发经济危机。当代资本主义由于忽视了人与自然之间的关系，且在资本内部调整人与人的关系，最终把生态危机推向了资本性批判的前端，当体现人与人的关系的危机凸显的时候，生态危机退居其次。

私有财产制度保障了资产阶级的物质利益，从而保障了资产阶级对自然的控制、掠夺和占有，资本主义生产方式占有自然是控制式的、掠夺式的。财产的私人占有制度是资本主义基本的经济制度，它保障资产阶级的物质利益及其财富积累方式。在资本主义条件下，所谓自然的意识更多体现为财富观念的意识，是资本的价值增值的意识，从而人对自然的态度必然要服从于资本的扩张。马克思认为："在私有财产和金钱的统治下形成的自然观，是对自然界的真正的蔑视和实际的贬低。"[①] 自然对人的生存意义，自然之美、人与自然的有机统一被利润所遮蔽。资本主义条件下，人类中心主义的态度不过是人格化的资本中心主义的存在样态。人在自然界的主体性力量的实现不过是资本的主体性力量的人化方式，资本的主体性把人和自然都变成了理性的对象和工具。

2.3 马克思恩格斯生态自然观的理论渊源

马克思恩格斯生态自然观，主要来自古希腊的伊壁鸠鲁派和斯多葛派、机械唯物论的自然观，以及黑格尔和费尔巴哈等哲学流派的自然观，马克思恩格斯生态自然观与他们的理论有千丝万缕的联系，在批判的基础上又超越了他们的思想。

2.3.1 对伊壁鸠鲁派与斯多葛派的批判和继承

马克思在其博士论文主要探讨了"德谟克利特与伊壁鸠鲁的自然哲

---

① 马克思恩格斯文集（第1卷）[M]．北京：人民出版社，2009：52．

第 2 章 生态自然观的演进及马克思恩格斯生态自然观的确立

学"的差别,大约从 1839 年开始,马克思对古代哲学史,特别是伊壁鸠鲁主义、斯多葛主义进行了专门研究。德国的哲学家梅林曾说:"面对着实体化的基督教德意志世界的强暴,十八世纪的资产阶级启蒙运动就以希腊的自我意识哲学,以怀疑派的怀疑、伊壁鸠鲁派对宗教的敌视和斯多葛派的共和主义观点来武装自己。"① 或者,用科尔纽的话来说,他们试图通过自我意识哲学来更加深入地改变,使之成为自由主义的工具。②

在马克思看来,如果说伊壁鸠鲁的哲学在客观成就方面不值得赞许的话,它所表现的使原则本身的不彻底性全面发展的彻底性,却具有重大的历史意义。因此,马克思试图以"英雄的死"来判断"英雄的一生"。也就是说,不是把先前希腊哲学的因素说成是伊壁鸠鲁学派哲学发展的条件,而是相反,从伊壁鸠鲁哲学追溯到希腊哲学,从而让它本身表现自己的特殊地位。③

伊壁鸠鲁在宣称自然是自由的的时候,重视的只是意识的自由;在解释自然现象时,他诉诸抽象的可能性;这种可能性所专注的不是被说明的客体——自然知识本身,而是作出说明的主体——自我意识的宁静。在实践方面,整个伊壁鸠鲁学派只是要求摆脱具有局限性存在的理论。使思维和存在相互作用的逻辑力量化为乌有,并完全退回到自我封闭的主观世界中。

康芒纳引述:"正是伊壁鸠鲁说,无物被创造,无物被毁灭。"④ 由此可见,伊壁鸠鲁的哲学犹如双刃剑,他的绝对原则是抽象的、个别性

---

① [德] 梅林. 马克思传(上卷)[M]. 樊林,译. 北京:生活·读书·新知三联书店,1965:35-37.
② [法] 科尔纽. 马克思恩格斯传第一卷[M]. 刘丕坤,王以铸,杨静远,管士滨,译. 北京:生活·读书·新知三联书店,1963:172.
③ 吴晓明,陈立新. 马克思主义本体论研究[M]. 北京:北京师范大学出版社,2012:96.
④ B. Commoner. *The Closing Circle: Nature, Man and Technology* [M]. New York: Alfrd. Knopf, 1971:46.

形式下的自我意识。由于这种抽象的个别性,他表现了"自我意识的绝对性和自由",从而实现了"作为自我意识的自然科学"。马克思清楚地意识到,他当前迫切需要的是什么。在《1844年经济学哲学手稿中》,年轻的马克思第一次用一种相当详尽的方式,表达了他对共产主义应该如何把人和自然的关系理解成什么的看法,其重点就在唯物主义和自然主义,放在两者与人道主义的兼容性上。①

2.3.2 对机械唯物主义自然观的批判和继承

从自然科学到近代机械论自然观,都是以人与自然之间形而上学的对立为前提的,割裂它们的相互联系,将人本身的自然与人以外的自然严格区分开来,非人格的自然逐渐演变成机械的自然,最后连人本身也被彻底机械化了。青年马克思在《神圣家族》中对培根的唯物主义就作出评价:"唯物主义在以后的发展中变得片面了,霍布斯把培根的唯物主义系统化了。感性失去了它的鲜明的色彩而变成了几何学家的抽象的感性。物理运动成为机械运动或数学运动的牺牲品;几何学被宣布为主要的科学。唯物主义变得敌视人了。为了在自己的领域内克服敌视人的、毫无血肉的精神,唯物主义只好抑制自己的情欲,当一个禁欲主义者。它变成理智的东西,同时以无情的彻底性来发展理智的一切结论。"② 马克思的这段话相当重要,不仅论及培根以后唯物主义的发展问题,还表达了马克思本人对唯物主义性质的独特见解。

按马克思的观点,从霍布斯开始唯物主义变得片面。恩格斯也承认,霍布斯是第一个近代唯物主义者(十八世纪意义上的)。也就是说,霍布斯的唯物主义是第一个近代机械唯物主义体系。可以说整个近代自然科学都是机械论的,而且机械论继续存在于现代自然科学中,至少到目前

---

① K. Marx. *Manuscripts de 1844* [M]. Paris：Editions Sociales, 1972：87.
② 马克思恩格斯全集(第二卷)[M]. 北京：人民出版社, 1957：163-164.

第 2 章　生态自然观的演进及马克思恩格斯生态自然观的确立

为止,不仅不能轻易说它已经过时,反而必须承认它仍有效。问题在于它的有效性仅体现在对局部细节的科学研究中,如果作为一种世界观,机械论显然是片面的。机械论的片面性主要表现在它使得唯物主义"敌视人"的论点上。我们从其对"敌视人"的唯物主义的批判中可以体会到他心目中的"真正的唯物主义"的确切含义。

2.3.3　黑格尔客观唯心主义对马克思恩格斯的影响

对马克思的从事物内在理性出发理解事物的方法,黑格尔无疑是一个关键的人物。在《资本论》中,马克思公开宣称自己是黑格尔的学生,宣称自己的工作在方法上接受了黑格尔辩证法的巨大影响。黑格尔回答"自然界是什么"时,说:"我们觉得自然界在我们面前是一个谜和问题,一方面我们感到自己需要解决这个谜和问题,另一方面我们又为它所排斥。之所以说我们为自然界所吸引,是因为其中预示着精神;之所以说我们为这一异己的东西所排斥,是因为精神在其中找不到自己。"[1] 在黑格尔看来,对象性的自然是精神的自在转化,这种转化表现为感性化。

黑格尔认为自然是"抽象自为的存在却只是暂时的,不是真正的存在;只有理念才永恒存在着"。[2] 而且黑格尔本人也无法解答怎样从无（绝对观念）中生成有（自然界）的问题。他只能用"异化"来加以搪塞——自然界是自我异化的精神。马克思认为,黑格尔关于从抽象到直观过渡的描述是牵强的,实质上是对虚无的厌倦和对内容渴望,是存在决定意识,而不是相反。关于"绝对精神"再不能作为纯粹抽象的概念发展下去,马克思对此作出如下评述:"然而,绝对观念究竟是什么呢?

---

[1] [德]黑格尔. 自然哲学 [M] 梁志学, 等译. 北京：商务印书馆, 1980: 4.

[2] [德]黑格尔. 自然哲学 [M] 梁志学, 等译. 北京：商务印书馆, 1980: 28.

如果绝对观念不愿意再去从头经历全部抽象活动并满足于充当种种抽象的总体或自我理解的抽象,那么,绝对观念也要再一次扬弃自身。但是,自我理解为抽象的抽象,知道自己是无;它必须放弃自身即抽象,从而达到了恰恰是它的对立面的本质,达到了自然界。因此,全部逻辑学都证明,抽象思维本身是无,绝对观念本身是无,只有自然界才是某物。"①

黑格尔把自然阶段当作逻辑阶段的对立面来看待,无非是强调两者的区别——自然界不同于绝对观念。但这个区别在马克思看来是表面的,实质上黑格尔从抽象自然概念中释放出来的自然界仍然是抽象的,即"自然界的思想物",这种自然界的思想物只不过是黑格尔把他身外的自然界变成主观头脑的幻觉后再加以客观化或绝对化的产物而已。当然,黑格尔的自然哲学是一种绝对唯心主义,用马克思的话说,是一种主张"精神产生自然界"的荒唐哲学。马克思曾这样谈起"绝对唯心主义":"绝对的唯心主义者要想成为绝对的唯心主义者,就必须经常地完成一种诡辩的过程,就是说,他先要把他身外的世界变成幻觉的,变成自己头脑的单纯的突发之念,然后再宣布这种幻影是真正的幻影——是纯粹的幻想,而最后便宣告它是唯一的、至高无上的、甚至不再为外部世界的假象所限制的存在。"②

如果说在黑格尔的《逻辑学》中绝对精神是一种"脱离自然的精神",那么这种精神在《自然哲学》中异化为"脱离人的自然"。在马克思看来,黑格尔从纯抽象中创造出来的自然界无非是自然界诸种规定的抽象。由此可见,黑格尔所谓的"自然界"之所以说是与人分离的,是因为它是一种精神客体,一种脱离人的独立存在;而这种独立存在于人之外的精神客体,即使披上自然的外衣,包有物质的外壳,也仍然掩盖

---

① 马克思恩格斯全集(第42卷)[M]. 北京:人民出版社,1979:177.
② 马克思恩格斯全集(第2卷)[M]. 北京:人民出版社,1957:178-179.

第2章 生态自然观的演进及马克思恩格斯生态自然观的确立

不了它的抽象的精神实质。在这个意义上,可以认为马克思所说的"被抽象地孤立地理解的、被固定为与人分离的自然界"是特指黑格尔的抽象自然界。黑格尔的自然观秉承了其客观唯心主义的特点,强调自然是"绝对精神"自我异化的产物。

黑格尔的自然观中,自然与历史是对立的。黑格尔认为自然界保持有一种非自然历史性,曾写道:"凡是在自然界里发生过的变化,无论它们怎样的种类庞杂,永远只是表现一种周而复始的循环;在自然界里真是'太阳下面没有新的东西',而它的种种现象的五光十色也不过徒然使人感到无聊。"①

马克思对黑格尔的自然哲学的理解,与黑格尔本人的说法是一致的,都指向"与人分离的自然界,对人来说也是无"的这个结论。因为,从黑格尔哲学本身谈起,在黑格尔哲学中有两个互相关联的基本观点,即实体与主体的统一,以及思维与存在的统一。这两种观点都表达出"精神"的绝对意义。在黑格尔看来,自然界一旦离开人这个主体,就不是真实的东西,是虚无,徒有僵死的物质外壳。黑格尔认为,自然界这个存在一旦离开人的思维就不是真正的实在,马克思准确地把握住了黑格尔的自然概念,他在写《巴黎手稿》之前就已注意到黑格尔对自然界的"蔑视",指出"在黑格尔心目中,物质本身在人的意志之外就等于无"。他在《巴黎手稿》中这样写道:"作为自然界的自然界,也就是说,就它还在感性上不同于它自身所隐藏的神秘的意义而言,离开这些抽象概念并不同于这些抽象概念的自然界,就是无,即证明自己是虚无的无。"② 这也可看作马克思对自己所说的"与人分离的自然界,对人说来也是无"这句话所作的注脚。这里,所谓"离开这些抽象概念"就是指"与人分离",与人思维相区分。黑格尔的唯心主义是颠倒了的唯物主义。

---

① 黑格尔. 历史哲学[M]. 王造时,译. 北京:生活·读书·新知三联书店,1956:94.
② 马克思恩格斯全集(第42卷)[M]. 北京:人民出版社,1979:179.

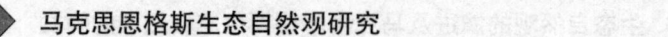

马克思恩格斯在承继黑格尔的思想同时已作出唯物主义的阐述：自然界的真实性之所以表现在它与人的不可分离性这点上，不是因为像黑格尔说的自然界这个实体存在必须符合精神或抽象的概念，而是因为抽象的概念认识必须符合自然界的客观事实。正是以人类的实践活动为中介，马克思恩格斯才将主客观世界联系起来，进而超越了黑格尔思想体系中属于精神的历史和物质的自然对立。批判地吸取了黑格尔关于劳动中介性的观点，确立了从时间出发去考察自然的视角，强调在实践基础上的"人化自然"坚持认为自在自然向人化自然的转化是一个永恒的辩证过程，创立了马克思恩格斯的辩证唯物的自然观。实践论基础上的人化自然观是马克思恩格斯生态自然观的本质特征。

2.3.4 马克思恩格斯对费尔巴哈旧唯物主义自然观的继承与批判

费尔巴哈对马克思恩格斯的影响最早始于马克思写作博士论文时期。在马克思研究伊壁鸠鲁哲学时，曾在一定程度上受到费尔巴哈思想的影响。马克思在《巴黎手稿》中曾这样评价费尔巴哈："费尔巴哈是唯一对黑格尔辩证法采取严肃的、批判的态度的人，只有他在这个领域内做出了真正的发现。"费尔巴哈唯物主义哲学的历史作用究竟表现在哪些方面呢？使马克思和恩格斯终于找到了真正的哲学的出发点——人与自然。马克思认为："费尔巴哈这样解释了黑格尔辩证法（从而论证了要从肯定的东西即从感觉确定的东西出发）。黑格尔从实体的异化出发（在逻辑上是从无限的东西、抽象的普遍的东西出发），从绝对的和不变的抽象出发，即从宗教和神学出发。"[①] "因为辩证法在对现存事物的肯定的理解中同时包含对现存事物的否定理解，即对现存事物的必然灭亡的理解；辩证法对每一种既成的形式都是从不断地运动中，因而也是从他的暂时

---

① 马克思恩格斯全集（第42卷）[M]. 北京：人民出版社，1979：158.

第2章　生态自然观的演进及马克思恩格斯生态自然观的确立

性方面去理解，辩证法不崇拜任何东西，按其本质来说，它是批判的和革命的。"①

2.3.4.1 "人本主义"批判

费尔巴哈哲学的人本主义的原则，在论及人、人的本质、人和自然的关系等问题时得到充分发挥，在肯定人的本质的基础上，费尔巴哈进一步丰富人的感性生活。也就是说"人本主义"是费尔巴哈整个唯物哲学体系的基本原则。费尔巴哈宣称，新的哲学必须"将人连同作为人的基础的自然当作唯一的、普遍的、最高的对象——因而人类学连同生理学当作普遍的科学"。② 费尔巴哈的人的自然本质的思想反对的是宗教神学和黑格尔客观唯心主义把人的本质视为与人无关、距人遥远、却内容空洞抽象的本质性规定；他把人的本质归属于自然当中，聚焦在人与自然的联系之上，聚集在人的自身。同时，费尔巴哈认为自然的本质也是人的本质，费尔巴哈指出人的存在需要依赖自然这种外界条件，因此人在自身带有自然的印记的同时，更需要自然从外界提供各种资源供给人类去消费。"在马克思的思想发展中，对费尔巴哈的批判是一个关键性的转折点。马克思深刻地揭示了费尔巴哈在说明人的本质问题上存在的两大缺陷：一方面费尔巴哈缺少历史的观点，不是把人的本质看作是一个历史的过程，而撇开了这一过程，从而假定了抽象的、孤立的个体；另一方面是费尔巴哈缺少社会的观点，费尔巴哈理解的人是脱离历史过程的单个的个体，他只能从直观的形式去理解人的本质，仍然是从抽象的方面理解人的本质。"③

一般认为马恩是通过费尔巴哈扬弃了黑格尔哲学的。也就是说费尔

---

① 马克思恩格斯全集（第23卷）[M]. 北京：人民出版社，1972：24.
② 费尔巴哈哲学著作选集（上卷）[M]. 荣震华，李金山，译. 北京：生活·读书·新知三联书店，1959：184.
③ 方世南. 马克思环境思想与环境友好型社会研究[M]. 上海：上海三联书店，2014：96.

巴哈的主要功绩就表现在将黑格尔辩证法颠倒过来提供唯物主义的过程中，费尔巴哈唯物主义影响仅是外因而已。"实践的人化自然观"十分清晰地凸显了马克思的自然观与旧唯物主义自然观的区别，马克思恩格斯是通过费尔巴哈唯物主义的指引而成为唯物主义者的。以费尔巴哈为典型代表的旧唯物主义哲学家们，从唯物主义的基本立场出发，也对人与自然的关系进行过趋于正确的思考，恢复了自然观上的唯物主义。他表示："费尔巴哈的警句只有一点不能使我满意，这就是：他过多地强调自然而过少地强调政治。"① 这构成了马克思对费尔巴哈的批判，即费尔巴哈关于人的理论的抽象性问题。由于费尔巴哈同样离开人的社会实践研究自然，因而费尔巴哈并没有克服黑格尔自然观的非实践性的缺陷。费尔巴哈式的旧唯物主义从一定意义上说根本不理解人类实践活动对于现实的感性世界的意义，不理解人类实践活动本身就是一种客观的活动、客观的存在。

马克思恩格斯认为，自然本质上是不依赖于任何人的意志的客观实在，费尔巴哈以"人和自然"作为新哲学的出发点，说他作出了"真正克服了旧哲学"的发现也并不为过。然而却暴露了费尔巴哈哲学自身的弱点：推崇人类学和生理学，把人仅仅当作"自然界的人"，而忽视了其同时又是"社会化的人"这一观点。在自然界的问题上也有其片面性，他认为自然界只有自身变化的原因，而忽视了自然界自身改变的同时又是社会历史变迁的产物。如恩格斯所言："费尔巴哈不能找到从他自己所极端憎恶的抽象王国通向活生生的现实世界的道路。他紧紧地抓住自然界和人；但是，在他那里，自然界和人都只是空话。无论关于现实的自然界或关于现实的人，他都不能对我们说出任何确定的东西。"②

2.3.4.2 从"自在自然"到"人化自然"

马克思恩格斯从实践论的人化自然观有效地批判了费尔巴哈的旧唯

---

① 马克思恩格斯全集（第27卷）[M]. 北京：人民出版社，1972：442-443.
② 马克思恩格斯选集（第4卷）[M]. 北京：人民出版社，1995：240.

第2章 生态自然观的演进及马克思恩格斯生态自然观的确立

物主义自然观。马克思认为:"从前的一切唯物主义——包括费尔巴哈的唯物主义——的主要缺点是:对对象、现实、感性,只是从客体的或者直观的形式去理解,而不是把它们当作人的感性活动,当作实践去理解,不是从主体方面去理解。"① 这段马克思实践唯物主义哲学精神的名言,一针见血地击中了旧唯物主义的要害。马克思、恩格斯在自然观上坚持费尔巴哈唯物主义的基本原则,以承认"自在自然"的先在性、客观实在性为逻辑前提,其唯物主义自然观具有生态化特色。旧唯物主义看不到人与自然之间存在着的真实的辩证关系,只在人类活动之外去寻找客观实在性,把自然界仅仅理解为人的实践领域之外的自在自然,完全忽视了人的实践的能动作用,看不到自在自然的辩证性理论,即自在自然向人化自然的转化。从人类活动的立场看,旧唯物主义是自相矛盾的。绝对的自在之物即违背人类活动所把握或规定的东西,是只能肯定其存在而不能对其具体性质有所认识的东西,即成为"为我之物"或"人化自然"的东西,而非自在的东西。因此,如果认为我们可以对于自在的自然有某种先验的知识,就必然或明或暗地预设了天赋观念论,这就不仅否定了现代唯物主义的实践论的知识论,也否定了经验论。

马克思早在1843年致卢格的信中就曾提出其批评性意见:"费尔巴哈的警句只有一点不能使我满意,这就是:他过多地强调自然而过少地强调政治。然而这一联盟是现代哲学能够借以成为真理的唯一联盟。"② 从这段话中我们了解到,马克思针对费尔巴哈的"人学观"也同样适用于他的"自然观"。自然哲学想要成为真理,须把人和自然相结合起来才能实现。

马克思赞同费尔巴哈关于感性自然是认识的起点,从感性出发,回归到事物本身,如事物现实中所展示的那样去思考事物。马克思和费尔

---

① 马克思恩格斯选集(第1卷)[M]. 北京:人民出版社, 1995: 58.
② 马克思恩格斯全集(第27卷)[M]. 北京:人民出版社, 1972: 442.

巴哈对自然理解有本质性的差异。费尔巴哈所理解的自然是自在的自然，而马克思的自然是"人化自然"。当费尔巴哈谈到人的感官接触外界物质，不仅感触到物质本身，还感觉到触觉时，他便止步不前。似乎人的触觉是天生就有的、纯个体的、任何时代都没有区别的。马克思在实践基础上理解人的感觉的产生和发展，将其放到人化自然的过程中考察。对感性自然的不同解读，让费尔巴哈同马克思走向了不同的哲学道路。费尔巴哈将人和自然的对立设置为他的哲学的开端，但他犯了与其他旧唯物主义者同样的错误，就是把人和自然看成是相对固定的不变的要素，并以此作为自己哲学的前提条件和观察人与自然关系的出发点。费尔巴哈看不到人的感性活动，看不到实践在人与自然统一过程中的中介作用。其实，费尔巴哈从来没有忽视过实践，但他的实践只是一种抽象观念，不是撬动自然变化的杠杆，也不能改变社会现实状态。而马克思则立足于历史的、现实的人，以人的感性活动、人的实践活动为中介，将主体与客体联系起来，克服人与自然的二元对立。

第3章 马克思恩格斯生态自然观的主要内容与特征

在马克思恩格斯的生态思想发展当中，人化的自然界是马克思恩格斯生态自然观理论的核心，人所生存之自然是马克思恩格斯的现实的参考物，而并非去抽象化地谈论自然；自然不依赖于人的意志而独立存在，人属于自然的一部分，是马克思人化自然观的基本观点之一；人与自然之间的实践关联只有在科学的实践方式基础上才会有合理的生态关系。马克思恩格斯的自然观不再是如上一章讨论：纯粹抽象的自然观、费尔巴哈客观的自然世界以及黑格尔式的绝对精神的外化的自然世界，而是在现实中有着特定社会性质的实践论的生态自然观。

3.1 马克思恩格斯生态自然观的出发点：人与自然的历史统一

人与自然的统一是马克思恩格斯生态自然观中最基本的出发点。人与自然的辩证统一包括人的自然存在和自然的人的存在的有机统一，这种辩证统一的实现在于人既是自然界长期发展的产物，和其他物种一样有活力，有生命力，有延续力，这些都是自然赋予人类的能力；同时人又是受制约的，受动的自然物，必须也不得不同自身之外的自然物发生关系，他们必须依靠自然界生存，通过自身的生命力和意识性有别于其

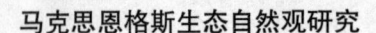

他物种，又通过实践性彰显自身的存在感。人的存在的自然性体现了人的世界性存在方式，离开现实的自然界，都是人的生存方式的异化。

3.1.1 自然是人的感性生存世界

感性的自然世界是人的生存世界。人类直观感受的世界是人的对象世界，对于对象性存在的人，无法离开感性的对象世界而生存，因此自然世界是人的生存世界。作为人的生存世界的自然界是一个有机存在的生态体系，这个生态体系是"所有生物和周围环境相互作用的，具有能量转换、物质循环代谢和信息传递功能的统一体"。[1] 人类面对的现实的自然界正是这同社会历史过程相联系的，马克思称之为"人化的自然"，认为它是"在人类历史中形成的自然界""是世世代代活动的结果"。恩格斯称之为"人的现实的自然界""人类学的自然界"。[2]

依据自然与人类社会关系的密切程度，可以把自然区分为几个层次，即天然自然、人工自然和人化自然。天然自然，是指还未受到人类实践活动影响，即还未被人类认识的那部分自然。陈昌曙先生指出："天然自然可以定义为是不依赖于人和人的力量而存在的物质世界。这里所说的不依赖于人，不仅是指天然自然存在于人们的意识以外，而且还指根本不依赖于人，在人类产生以前乃至在人类消亡以后的自然存在。"这部分自然虽然还未被人类认识，但人类根据科学的发展可以肯定它是存在的。它既包括人类出现以前的整个自然，也包括人类出现以后人类活动还未影响和还未认识到的自然。人工自然是指人类实践活动所及从而改变了的那部分自然界。具体地说，人工自然是人利用、改造天然自然的过程中所形成的属于人的自然界，也就是人类利用、改造、创建和加工过的自然界。人化自然，又称第二自然。自然界是客观性的存在，它不因为

---

[1] 金以圣. 生态学基础 [M]. 北京：中国人民大学出版社，1987：10.
[2] 马克思恩格斯全集（第42卷）[M]. 北京：人民出版社，1979：128.

第3章 马克思恩格斯生态自然观的主要内容与特征

被"人化"而变为主观的东西,并不是主观的存在,这是迄今为止仍被广泛接纳的对传统马克思主义自然观的理解。苏联学者列尼·巴日特诺夫就曾这样批判存在主义者对马克思恩格斯的"曲解",写道:"马克思在《1844年经济学哲学手稿》中分析了人的劳动作为人的生命活动基本形式的本质和内容,……人的劳动赋予自然界以第二个生命,并且正是因为这个缘故,所以自然界越是为人的活动所占有,它就越是通过劳动这个烘炉,变成'劳动的人的作坊',变成'被劳动所人化了的'自然界。存在主义者抓住马克思的这些还表述得极不确切、有时甚至含糊不清的命题,宣布马克思是把自然界看作'人的本质力量的异化'、看作'人的无机的身体'等主观唯心主义者、存在主义者。……蒂尔分析马克思对人的感性、即人能动地认识外部世界的能力时,就正是这样做的。这位存在主义的批判家利用青年马克思主义所使用的未尽完善的术语,断章取义地抽取这些思想,牵强附会地把这些思想同唯心主义人本主义的基本原理拉在一起,企图借此证明马克思在这里所说的自然界,不过是从人的感性派生出来的某种第二性的东西。"[①]

人化自然的概念直接来源于德国古典哲学,特别是来自黑格尔和费尔巴哈的某些论述。天然自然是人化自然的基础,人化自然则是在人与自然的交互作用下,被人感知其信息的那部分自然,是人的能动性和知识物化的结果。

在西方,马克思主义学者普遍认为马恩的自然概念突出的是人,而不是自然界本身。卢卡奇有一句名言:"自然是一个社会范畴。"不过这句名言后来被其本人所否定,他在《历史与阶级意识》书中写道:"把马克思主义完全看作是一种社会理论、社会哲学,从而忽视或否定它也

[①] [苏] 列尼·巴日特诺夫. 哲学中革命变革的起源——马克思的《1844年经济学哲学手稿》[M]. 刘丕坤,译. 北京:中国社会科学出版社,1981:9-10.

是一种自然理论的倾向是错误的。"① 第二个理由则是在承认"马克思主义也是一种自然理论"的基础之上，也同时承认社会实践对自然界的"中介"是自然存在的客观意义。施密特认为这个观点是正确的，他写道："把马克思的自然概念从一开始同其他种种自然观区别开来的东西，是马克思自然概念的社会—历史性质。马克思认为自然是'一切劳动资源和劳动对象的第一源泉'，就是说他把自然看成从最初起就是和人的劳动相关联的。他有关自然的其他一切言论，都是思辨的、认识论的或自然科学的，都是以人对自然进行工艺学的、经济的占有之方式总体为前提的，即以社会的实践为前提的。"② 马克思从未否认过自然的存在，比如他承认过"先于人类历史而存在的自然界"，还承认劳动资料是"天然存在的自然物质和人类劳动的结合"等。③

马克思在使用人化自然的概念时，通常指人的实践活动的对象，即人化了的或正在人化着的自然；有时指实践活动本身，即人们变革自然的活动。人工自然，是指人类实践活动所及、变革了的那部分自然界。具体地说，人工自然是人利用、改造天然自然的过程中所形成的属人的自然界，也就是人类利用、改造、创建和加工过的自然界。人工自然是人化自然的组成部分，又是扩展人化自然的重要条件。人在改造自然过程中将加深对自然界的认识从而扩展人化自然的范围。人们依靠科学技术，使天然自然逐步转变成人化自然和人工自然。自然概念的各层次都包括人在内。因为人不仅是自然的产物，而且，在人与自然的对象性关系中又是主体。因而才使部分天然自然转化为人化自然和人工自然。人

---

① Georg Lukacs. *History and Class Consciousness* [M]. Cambridge：MIT Press, 1971：234.

② [德] 施密特. 马克思的自然概念 [M]. 吴仲昉，译. 北京：商务印书馆, 1988：2-3.

③ 周林东. 解读"自然辩证法" [J]. 当代国外马克思主义评论（第二辑），2001（09）：67.

类对自然界的认识和变革是个逐步深入的过程。几乎都经历了由天然自然到人化自然再到人工自然逐步深化的过程。在人类活动影响和作用下，自然界程度不同地打上人的印记，它已不同于纯粹意义上的自然物。

3.1.2 人的自然存在和自然的人的存在

3.1.2.1 人的自然存在

人类是自然界长期发展的产物，是符合自然规律而诞生的客观存在的物种。当然，人类的产生是在一个复杂的系统下缓慢进行的，是各种机遇与偶然性结合并相互作用下的产物。人作为自然存在物一方面是指人的自然属性，此时，人像动植物一样，遵循自己生命的自然规律；另一方面，人作为自然存在物包含了人的生态属性，即认识自然界的物质、能量流动的环节，是生态系统中的一员。马克思恩格斯继承了费尔巴哈的唯物主义观点，认为人是受自然条件制约且具有能动性的自然存在物。人类的生存与发展依赖于自然界。恩格斯指出："人首先依赖于自然。"[①] 人的自然存在是人的对象性存在，人在对象中表现自己的本质力量。人的自然本质不外是人的生命表现。作为自然存在物的人是在自己的生存实践中把自然对象作为自己的生命本质，人不是自然直观的对象性存在，而是生存能动性与自然受动性的统一。人的实践性生存不仅是自然物的人化以满足自己的肉体需要，而且是在人的生存实践中把自己和自然界连接成为一个整体。

作为自然界的重要组成部分，人从自然界中获取满足自己生产和生活需要的物质资料。有生命的个人所采取的第一个历史行动是"开始生产自己的生活资料"，对物质产品的需要促使人类从事与自然界的物质交换。人类生命体从事与自然界的物质变换，就是使得自然物资源化，获得自然物的使用价值。作为自然界的一员，人的存在依赖于客观自然世

---

① 马克思恩格斯全集（第27卷）[M]. 北京：人民出版社，1972：63.

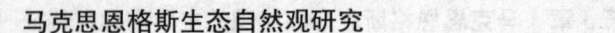

界。人所获得的生活资料来自人类的生态居所,自然界不仅是社会的组成,更是人类生存之所。在马克思那里,这个居所是我们共同生存于其中,并由实践活动创造的感性世界。这个感性世界,正如海德格尔所认为的那样,"在存在论的意义上,世界被了解为一个实际上的作为此'在生活''在其中'的东西。世界在这里具有一种先于存在论的生存上的含义。在这里又有各种不同的可能性:世界是指'公众的'我们世界或者是指'自己的'而且最贴近的'家常的'周围世界。"①

人的自然存在是人的对象性存在,对象性存在是人类的本质性规定,"对象性的存在物进行对象性活动,如果它的本质规定中不包含对象性的东西,它就不进行对象性活动。它所创造或设定对象,只是因为它是被对象设定的,因为它本来就是自然界。"马克思进而指出:"一个存在物如果在自身之外没有自己的自然界,就不是自然存在物,就不能参加自然界的生活。"人类作为自然存在物的重要组成部分,参与到自然界就是指人对自然界的物质变换活动发生在作为环境的自然界的物质运动中,自然存在物与自己的自然界揭示了作为生命体的人与自然环境的生态关系。② 马克思把人的自然存在、社会存在和精神存在看作人的全面存在方式,这种全面存在蕴含着社会的自然性存在和自然的社会性存在。自然的社会性即自然在社会共同体中的存在,自然的存在形态受到社会历史的制约。人的自然存在是社会性的自然存在。马克思在《雇佣劳动与资本》中写道:"人们在生产中不仅仅影响自然界,而且也互相影响。他们只有以一定的方式共同活动和互相交换其活动,才能进行生产。为了进行生产,人们相互之间便发生一定的联系和关系;只有在这些社会联系和社会关系的范围内,才会有他们对自然界的影响,才会有生产。"社会

---

① [德] 马丁·海德格尔. 存在与时间 [M]. 陈嘉映, 王庆节, 译. 北京: 生活·读书·新知三联书店, 2006: 76.
② 陶火生. 生态哲学视阈下的马克思自然生产力思想研究 [J]. 武汉科技大学学报, 2011 (10): 55.

第3章 马克思恩格斯生态自然观的主要内容与特征

关系是社会性的本质,人的社会性存在是人与自然发生实践关系的人学前提,也是人的天然存在的前提。在社会发展过程中,人类的自然化存在是人类的现实性存在,这在一定程度上体现了马克思恩格斯从社会性维度来看待人、自然、社会的统一关系。

作为自然存在物的人有着自己的生态系统,不仅归属于自然界而且能够"参加自然界的生活"。也就是说人需要在自然大环境中生存,任何破坏自然生态系统的生存方式都是对人的生存世界的颠覆,没有了自己感观的自然世界,人的可持续生存便没了必要性。参加自然界的生活,源于人对自然界的需要。当马克思谈到人的自然存在时,马克思并未从生物学的科学角度来剖析人的身体机理,而从人的对象性活动出发、从人类在自然界中的存在和实际活动出发来谈论人的自然存在。在马克思恩格斯那里,人的自然存在和人的社会存在统一于人自身,人的自然存在既离不开社会存在,也离不开它的对象性存在。马克思说:"人同自身以及同自然界的任何自我异化,都表现在他使自身、使自然界跟另一些与他不同的人所发生的关系上。"[1] 在这里,马克思指出了人与人的异化是人与自然异化的重要实现途径。这蕴含了一个重要的思想,即人的生态需要和自然权利的保障离不开社会制度,而现代社会中随着劳动的异化,人的生态需要被漠视,人的自然权利也被遮蔽。总之,人的一切都与自然界密切相关。

3.1.2.2 自然的人的存在

马克思恩格斯的自然观并不仅仅是认识论的自然观,也包括实践论的人化自然观。在马克思那里,对自然的认识维度在于人的感性的对象性实践,而实践本身是人的基本存在方式,由此所获得的自然观是人的生存境遇,在实践中,这种自然境遇具有对于人的意义。马克思在《巴黎手稿》中主要从人与动物的区别来分析问题,而这种分析本身又着眼

---

[1] 马克思恩格斯文集(第1卷)[M]. 北京:人民出版社,2009:165.

于"实践"这个角度,他写道:"通过实践创造对象世界,即改造无机界,证明了人是有意识的类存在物,……诚然,动物也生产。……动物的生产是片面的,而人的生产是全面的;动物只是在直接的肉体需要的支配下生产,而人甚至不受肉体需要的支配也进行生产,并且只有不受这种需要的支配时才进行真正的生产;动物只生产自身,而人再生产整个自然界。"[①] 因此,实践化的自然观不是范畴的排序,而是人的生存建构,是一种以实践为基本范式的生存论的自然观。自然的人的存在的根基在于人的实践性存在。实践视角是马克思恩格斯哲学的最基本思维方式。在人的实践中,自然是人的无机的身体,而人是自然的开发利用者。对实践的认识与否,关系到人类对自然的态度,也关系到人类社会的自身发展。

从社会历史的维度考察自然,是马克思恩格斯生态自然观的独特之处。自然的人存在的根基在于人的实践性存在。实践视角是马克思恩格斯自然观的基本思维方式。在人类的实践活动中,自然的存在是人的无机身体,而人类是自然界的开发利用者。对实践的认识正确与否,关系到人类对自然的态度,也关系到人类社会的自身发展。在近代,工业发展日益深化,同时人类对自然界的开发使社会生产力得到空前高涨,人类对自然界的利用能力是历史上不曾有过的。然而,马克思不仅仅看到人类的生产力的巨大发展,还认识到由于人类对自然界的无限利用,最终会使自然界变得满目疮痍。

实践论的自然观是一种社会实践中的自然观,是社会的自然观。自然由于人的实践而进入社会历史的进程,卢卡奇指出:"自然是一个社会范畴,在任何特定的社会发展阶段上,无论什么被认为是自然的,那么这种自然是与人相关的,人所涉及的自然无论采取什么形式,也就是说,

---

① 马克思恩格斯全集(第42卷)[M]. 北京:人民出版社,1979:96-97.

第3章 马克思恩格斯生态自然观的主要内容与特征

自然的形式、自然的内容，自然的范围和客观性总是被社会所决定的。"① 实践的历史辩证法是自然的现实的存在形态，自然不是静静的自在存在，而是在人类的实践的历史进程中不断向着人敞开自身。社会的历史性只有在人类历史的总体进程中才能清楚地被认知，同样，自然史也只能在人类史中清楚地被认知。

实践是人与自然的有机统一的基石，实践本身具有历史性，从而实践的历史性决定了人与自然的有机统一的历史性。鉴于人的实践水平、实践能力、实践方式在不同的历史阶段具有不同历史性的差异，人的实践所造就出来的自然界也呈现出历史性的不同。实践的自然观是人的生存实践所生产的人化自然。在马克思那里，社会历史的出发点是现实的人，人的实践表现为现实的人的生产和生活方式，因此，人化自然是人的现实的自然界。

3.1.3 自然的生产力

自然生产力是进入生产过程并且发挥效能、促进生产的自然物质和自然力量。使劳动有较大生产力的自然条件，可以说是"自然的赋予，自然的生产力"。劳动的自然条件、劳动的自然生产力会影响到劳动生产率。劳动生产率和自然相联系，表达了马克思对生产逻辑的看法，即生产劳动的条件性。这种条件性意味着生产逻辑的合生态性。因为"自然条件"既是生产的物质条件，也是人的生态家园，自然生产力对于劳动生产力的补充恰是突出了这一点。在现代社会里，生产的自然条件是如何转化为劳动的自然生产力的？马克思的自然生产力范畴外延广泛，既包括自然物质，也包括作为生产要素、促进生产效能却"不费分文"的各种自然动力。在现代社会中，自然生产力的内在价值缺失了，自然物

---

① ［匈］卢卡奇. 历史和阶级意识［M］张西平, 译. 重庆：重庆出版社, 1996：67-68.

被资源化,而生态合理性、人的生态性生存被现代生产逻辑所遮蔽,同时,所谓"不需要代价""不费分文"也意味着现代生产逻辑中的自然要素不具有社会经济价值。

3.1.3.1 自然力与劳动生产力的发展水平相关

价值创造是生产过程中的劳动力的价值转移和价值增值,自然生产力的实现和参与生产过程与劳动力的紧张程度具有一致性。可以说,劳动生产力的巨大发展是开启自然力的钥匙。马克思虽然强调自然力进入生产过程,但并不进入价值形成过程,商品的价值在于抽象的一般劳动。自然力没有价值,只是人们的社会生产和社会生活的物质资料。这种没有价值的自然力,人们是可以无偿使用的。同时,自然生产力的状况直接影响到劳动生产力的水平。马克思的"自然力"主要是指自然资源在生产过程中所发挥的现实功能,它既是使用价值的源泉,又是社会财富的物质载体。自然力在人的价值创造的经济实践中发挥着不可或缺的作用,自然力既然没有价值,所以在生产过程中,也不会把自己的价值转移到新产品中去,如马克思所指出的,"自然力不费分文;它进入劳动过程,但是不进入价值形成过程"。如此,自然力对价值形成的基础性作用是不可忽视的。

3.1.3.2 自然生产力体现了实践的指导原则

实践的观点是马克思主义的理论原则,也是马克思自然生产力思想的主导原则。自然生产力不是自然界的自主性生产力或者生物圈的生产力,而是进入生产过程中的自然力。纯自然的物质运动形式,独立于人的存在,是生态科学所提供的科学知识;而马克思的自然生产力则是建立在人类生产实践的基础之上,以人化自然为自然生产力的基本来源。在马克思那里,实践的主导原则具体化为生产的辩证法,马克思的自然生产力思想体现了生产的辩证法,马克思在《1857—1858年经济学手稿》中概括了生产,认为生产是"生产一般"与"一定社会发展阶段上的生产"的统一;生产是生产要素与生产率程度的统一,生产是对自然

第3章 马克思恩格斯生态自然观的主要内容与特征

占有与财产的"社会形式"的统一；生产是物质需要的满足与自然力的消费的统一；生产是自然联系与历史联系的统一。① 如果说现代工业生产是生产的异化，那么生产的辩证法则要通过复归人的本性来还生产劳动以本来面目，生产实践是人类生存的最基本实践方式，在生产过程中，人与自然、人与社会、自然与社会形成有机的统一。

3.1.3.3 马克思自然生产力体现对现代生产方式的批判

在马克思看来，现代的自然生态不是原初自然，而是现代生产方式的结果。现代生产是建立在工业化大生产基础上的资本主义生产方式。作为马克思"研究的本体"，资本主义生产方式——这种"建立在资本上的生产"——必然要符合资本的逐利本性，一方面通过采用和发展科学技术提高生产效率，另一方面则尽量掠夺式地无偿使用自然资源。现代生产方式夸大了生产的能力，把劳动当作人用来增加自然产品价值的唯一的东西，当作人的能动的财产，在这种观念的主导下，通过机器起作用的盲目的自然力，将为现代生产方式所掠夺和控制。由于劳动被异化，人的自然本质也被异化，因此，现代生产方式的必然结果就是奴化自然力。

3.1.3.4 自然力的生态逻辑以马克思恩格斯生态自然观为基本语境

马克思的自然力的观点实际上是强调了实践中自然作为投入的一方同人类所投入的有同等之意义，从而将自然界的地位抬到了同人一样的高度。马克思提出的"人是自然界的一部分"，不仅包括人的对象性存在，更意味着实践所连接起来的人与自然环境是一个有机的整体系统；意味着"自然是人的无机身体"，即自然的人的存在。在这里人是自然界的一部分和自然界是人的一部分，表达了马克思恩格斯关于人寓居于自然世界的观念与世界的生存论解释学的整体性互动与有机论通达。

这种互动以人的生存实践为中介，人与自然相互敞现。社会关系是

---

① 马克思恩格斯全集（第30卷）[M]. 北京：人民出版社，1995：22-53.

社会性的基本内涵和生成空间，人的社会性特质是人与自然发生实践关系的前提，也是人的自然存在的前提。在社会中，人的自然存在与人的现实存在呈现历史性的统一，这体现了马克思从历史维度来看待人、自然、社会的统一关系的基本视角。同时，这里的"社会"还是超越资本主义的新社会，或共产主义社会，这样才会有人与自然的真正统一。

3.2 马克思恩格斯生态自然观的主要内容

在马克思恩格斯生活的年代，生态问题并不像今天这样严峻和受到瞩目，恩格斯最终没有写出后人所期望的"马克思恩格斯自然哲学"，仅留下了零星手稿，马克思也没有直接参与重建自然哲学的实践，两位马克思主义创始人并未从问题学的视角来讨论生态环境问题，但这恰恰证明伟人也是人，不是神。本节是作者在系统整理马克思恩格斯经典著作过程中总结分析的马克思恩格斯生态自然观的内容，包括以下几方面：人与自然和社会有机统一的生态认识论、人类主体价值与自然优先性的生态统一论、人与自然界进行物质交换的生态关系论、人与自然界冲突对立的生态危机论、人与自然相处的生态和谐论。可以这样说，马恩为我们提供了清晰的认识和解决生态问题的思路。

3.2.1 人与自然和社会有机统一的生态认识论

3.2.1.1 自在自然与人化自然的辩证统一

马克思指出，我们要从人的实践的角度理解自然界。他说："被抽象地理解的、自为的、被确定为与人分隔开来的自然界，对人来说也是无。"[①] 马恩的辩证自然观从人与自然的历史性的实践关系出发，将传统自然观中的直观自然区分为自在的自然和人化的自然，这种"人化自然"

---

① 马克思恩格斯文集（第1卷）[M]. 北京：人民出版社，2009：220.

的思想是人类对自然界认识的重大飞跃,从根本上超越了旧唯物主义的自然观。马克思的自然概念包括自在自然和人化自然两部分,现代文献常常使用"第二自然"或"人化自然"等术语表示。马克思强调人化自然,但并没有否认自在自然,承认存在于人类历史之前人类认识和实践之外的自在自然及其优先性。

首先,在马克思恩格斯生态自然观发展中,自在自然和人化自然既密不可分,又有根本区别,二者是辩证的统一关系,在实践的历史作用下,它们相互作用并在一定的历史条件下相互转化。其次,自然界处于自然进化向自然人化的发展过程之中,自然进化是自然界中从无序到有序、由低到高的演化趋势和过程;自然的人化过程是人类实践活动深刻地影响和改变自然界的进化过程,但并没有消灭自然进化规律。再次,自然历史与人类社会历史的双向互动过程是从自然的历史到历史的自然的发展过程。最后,在现实世界中,人与自然的关系是一个历史性的"变数",而非静止的"常数"。人和自然的统一性在每一个时代都会随着人类生产更替发展而不断改变。

3.2.1.2 人与自然的关系、人与社会的关系的辩证统一

马克思恩格斯的自然-历史观认为,人类社会的生产是自然关系和社会关系的统一。世界有两种主要关系:人与人的社会关系,人与自然的生态关系;两种关系是相互联系、不可分割的。人与自然的关系是物质生产为核心的关系,而人与人的社会关系则以生产关系为核心。这两种关系的矛盾、对立和冲突是世界的基本问题。而马克思恩格斯自然观的独特之处,就在于他们在别人只看见人与物(自然)关系的地方看到了人与人的社会关系,认为人与自然的关系状况反映和折射的正是人与人之间的物质利益。[1]

---

[1] 周志山. 资本关系的扬弃与社会发展的转折 [J]. 社会科学, 2005 (12): 53.

3.2.2 人类主体价值与自然优先性的生态统一论

3.2.2.1 人是自然界的一部分，自然界是人的无机身体

人类作为生物，他的生命、意识和活动等起源于自然，又在改造自然的过程中始终受自然界的制约和影响，这就是人类的受动性。马克思在解释"受动性"这个术语时，认为"是周围环境、外部世界对人发生作用的一种表现形式和方式"。① 人的受动性主要表现为人对自然界的依赖性和创造活动受自然规律的制约性。这主要表现在：

自然界的演化是人类产生和存在的基础。马克思指出："而人本身是自然界的产物，是在自己所处的环境中并且和这个环境一起发展起来的。"② 恩格斯说："从最初的动物中，主要由于进一步的分化而发展出无数的纲、目、科、属、种的动物，最后发展出神经系统获得最充分发展的那种形态，即脊椎动物的形态，而最后在这些脊椎动物中，又发展出这样一种脊椎动物，在它身上自然界达到了自我意识，这就是人。"③

作为自然、社会的人对自然界具有依赖性。马克思说："自然界的人的本质只有对社会的人说来才是存在的；因为只有在社会中，自然界对人说来才是人与人联系的纽带，才是他为别人的存在和别人为他的存在，才是人的现实的生活要素；只有在社会中，自然界才是人自己的人的存在的基础。只有在社会中，人的自然的存在对他说来才是他的人的存在，而自然界对他说来才成为人。因此，社会是人同自然界的完成了的本质的统一，是自然界的真正复活，是人的实现了的自然主义和自然界的实现了的人道主义。"④ 事实上，人体主要化学成分与地壳的化学成分极为相似，人体血液中多种化学元素的含量和地壳中这些元素含量的分布

---

① 马克思. 1844年经济学哲学手稿 [M]. 北京：人民出版社，1979：145.
② 马克思恩格斯选集（第3卷）[M]. 北京：人民出版社，2012：410.
③ 马克思恩格斯全集（第20卷）[M]. 北京：人民出版社，1971：373.
④ 马克思恩格斯全集（第42卷）[M]. 北京：人民出版社，1979：121-122.

第3章 马克思恩格斯生态自然观的主要内容与特征

规律相一致。如发生环境污染，引起人体所必需的主要元素或微量元素不足或过量，都会影响人体的健康，甚至导致死亡。这是人类对自然界的物质性依赖的明证。

人除了是自然存在物之外，还是"社会存在物"。作为社会的人，对自然界也同样具有依赖性。人不仅具有自然属性，还具有社会属性。人对自然界的物质性依赖，导致人类通过生产劳动，变革自然，取得自身生存和发展的自然资源和适宜的环境。如马克思所说："劳动这种生命活动、这种生产生活本身对人说来不过是满足他的需要即维持肉体生存的需要的手段。"① 这种生产活动必定以结成群体，即社会的方式来进行，社会不仅在自然环境中发展，而且其发展的最终动力是社会生产力。生产力又是由三要素构成的，作为自然物的人，利用人工自然物工具作为中介，作用于自然物，即劳动对象。

作为创造活动主体的人对自然界的依赖性。不仅物质生活，而且精神生活同样也离不开自然界。一方面，自然界是作为人的生活资料、对象而成为人的无机的身体；另一方面，植物、动物、山川、日月星辰等，既是自然科学的对象，也是艺术的对象，都是人的意识的一部分而成为人的精神食粮。意识作为人脑的机能和属性，是客观世界的反映。而思维和意识"都是人脑的产物，不言而喻，人脑的产物，归根到底亦即自然界的产物，并不同自然界的其他联系相矛盾，而是相适应的"。② 这也就是说，自然界既是人的物质生活和生产的基础，也是人的精神生活的基础和创造的源泉。这种依赖性表现为，自然界是自然科学的对象、艺术创造的源泉，也为构思技术原理提供了原型和设计思想，人类的生活和创造必须服从于自然规律等。所以，没有自然界，也没有人的意识和精神食粮。

---

① 马克思恩格斯全集（第42卷）[M]. 北京：人民出版社，1979：96.
② 马克思恩格斯全集（第20卷）[M]. 北京：人民出版社，1971：38-39.

3.2.2.2 人与自然关系中的价值主体地位

马克思恩格斯在突出强调人与自然之间的统一性的同时，总是强调人的能动性和主体性。在批判黑格尔抽象自然观的时候，马克思断言人化自然对人类的实践意义，关注的是"现实的自然"。马克思没有直接论及自然的价值评价，在他看来，科学不仅有价值，而且自然界也同样有价值。他说："自然界的社会的现实，和人的自然科学或关于人的自然科学，是同一个说法。"不应当离开实践抽象地谈论自然界的客观存在问题，是因为在这里认识的主体和认识的客体实质上都是实践的产物。其一，马克思论及共产主义是对私有财产的积极扬弃，是人向自身、向社会的人的复归，亦即人从异化的人变为社会的人归根结底是生产实践运动的结果，马克思写道："同样，无论劳动的材料还是作为主体的人，都既是运动的结果，又是运动的出发点。"这里的劳动材料指的是自然界，因此这句话包含这样的意思：自然界和人都是人自己的生产实践的产物。其二，马克思论及私有财产的扬弃，是人的感觉和特性的完全解放。马克思解释说："这种扬弃之所以是这种解放，正是因为这些感觉和特性无论在主体上还是在客体上都变成人的。眼睛变成了人的眼睛，正像眼睛的对象变成了社会的、人的、由人并为了人创造出来的对象一样。因此，感觉通过自己的实践直接变成了理论家。"[①] 正是人类的生产劳动实践创造了人的感觉和对象，人的感觉不仅区别于动物的感觉，而且与原始人的感觉也不同，而这一切区别则是由人的社会实践造成的。

3.2.3 人与自然界进行物质交换的生态关系论

3.2.3.1 劳动实践是自然与社会统一的中介

人类是从动物界逐渐分化出来的，是自然界物质系统演化到一定阶段的产物。因此，人类与动物、自然界之间存在着天然的、内在的历史

---

① 马克思恩格斯全集（第42卷）[M]. 北京：人民出版社，1979：124.

第3章 马克思恩格斯生态自然观的主要内容与特征

性联系。然而,人类又是自然界演化特定阶段出现的自然存在物,因此,人类与动物存在着本质的差异性。人类与动物的本质区别,在于人类能够从事生产劳动。劳动是人类借助生产工具改造自然的过程,他在《评阿·瓦格纳的〈政治经济学教科书〉》一文中写道:"但是在一个学究教授看来,人对自然的关系首先并不是实践的即以活动为基础的关系,而是理论的关系……"马克思指出:"人们决不是首先'处在这种对外界物的理论关系中'。正如任何动物一样,他们首先是要吃、喝等等,也就是说,并不'处在'某一种关系中,而是积极地活动,通过活动来取得一定的外界物,从而满足自己的需要。(因而,他们是从生产开始的。)由于这一过程的重复,这些物能使人们'满足需要'这一属性,就铭记在他们的头脑中了,人和野兽也就学会'从理论上'把能满足他们需要的外界物同一切其他的外界物区别开来。"[1] 科学的发生决定于生产,这意味着科学的发生是以一定的生产力发展水平为先决条件的。当人类社会生产力还没有发展到足以引起手和脑相互分离的资本主义水平的时候,不可能产生独立的科学。但是,手脑分离不是一朝一夕就能发生的,它应有一个发展过程。在劳动生产力集中的原始社会,当然不可能脱离物质生产而专门从事脑力劳动。到原始社会末期,随着生产力的不断提高,从无阶级社会过渡到阶级社会,手脑分离现象也初见端倪。从这时起,开始有了剩余产品,使少数人可以不动手就去专门从事脑力劳动。

马克思后来在《哥达纲领批判》中所说的"劳动是一切财富的源泉"之类的说法是在包含着劳动具备了相应的对象和资料这层意思的时候才是正确的。劳动者与生产资料相分离,成为除了出卖自己的劳动力之外再也没有别的商品可以出卖的所谓"自由劳动者"。他们从事的是异化劳动,也就是说他们首先是作为非所有者进行劳动的,其结果是劳动

---

[1] 马克思恩格斯全集(第19卷)[M]. 北京:人民出版社,1963:405.

产品为非劳动者所占用。在这一表达中，作为劳动者的人只是私有者用来创造财富的工具。

只有将人类劳动物化在其中的自然物质，对于人来说才是有价值的存在。这里包含着一种哲学思想：在现实生活中，自然界是通过人的实践活动才成为人的对象的。当然，自然界是预先存在的。这种物质的先在性是人从事实践活动的条件。但是，这种预先存在的自然界不会自动成为人的对象。预先存在的自然界对人存在或不存在，究竟是什么意思呢？马克思在《1857—1858年经济学手稿》中谈到这样的问题："单纯的自然物质，只要没有人类劳动物化在其中，也就是说，只要它是不依赖人类劳动而存在的单纯物质，它就没有价值，因为价值只不过是物化劳动……"① 从经济学上看，单纯的自然物质没有价值，因为它不依赖于人类劳动而存在，也就没有物化劳动包含在内。所谓土地通过劳动而对人存在，也就是对人有价值，对人有用，从而成为人的对象。另外，劳动不仅使自然物质变得对人有用，而且是对自然的占有，因为"一切生产都是个人在一定社会形式中并借这种社会形式而进行的对自然的占有"。②

"劳动创造人"是马克思主义的主张，黑格尔曾错误地把人视为自我意识的产物，但实际谈论的却是与人本身的产生与发展问题有关。马克思从这个角度评价了黑格尔的思想："黑格尔的《现象学》及其最后成果——作为推动原则和创造原则的否定性的辩证法——伟大之处首先在于，黑格尔把人的自我产生看成是一个过程，把对象化看作失去对象，看作外化和这种外化的扬弃；因而，他抓住了劳动的本质，把对象性的人、现实的因而是真正的人理解为他自己的劳动的结果。"在《巴黎手稿》中，马克思除了主张"劳动创造人"之外，还赞同生命的自然发生

---

① 马克思恩格斯文集（第46卷）上 [M]．北京：人民出版社，1979：337．
② 马克思恩格斯文集（第8卷）上 [M]．北京：人民出版社，2009：11．

第3章 马克思恩格斯生态自然观的主要内容与特征

说。劳动使人类的动物祖先从手、语言一直到脑的整个身体结构逐渐发生变化，而要从这些"量变"发展到产生人类这个新物种的"质变"势必依靠获得遗传来加以论证。人类仅仅因为当时自然环境的变化，使得会劳动的个体更适合于生存。这样，有利于劳动的突变就积累起来，猿变成人。

按马克思恩格斯的观点，劳动本身也是按照否定性的辩证法发展的。首先，劳动创造人，肯定了人的超越于动物的本质；其次，劳动在一定的历史条件下奴役人，否定人，使人异化为动物；最后，劳动必将使人获得自由，再次否定人的动物式的社会关系从而肯定了真正的人。这是典型的辩证法的"三段论公式"："肯定人之本质的劳动—使人异化为动物的劳动—使人获得自由的劳动"。①

3.2.3.2 人与自然的"物质变换"

研究马克思恩格斯经典著作不难发现，马恩大量使用了"物质变换（Stoffwechsel）"这一概念。物质变换概念在马恩一系列著作中体现：《剩余价值理论》《资本论》《经济学批判大纲》和《1857—1858年经济学手稿》等，恩格斯对物质变换概念的使用则主要体现在《反杜林论》和《自然辩证法》中，在这些著作中尤其是以《资本论》最为典型。对于马克思的Stoffwechsel，吉田文和认为是在三种意义上使用的：第一，当马克思谈到"社会的Stoffwechsel"时，指的作为商品交换（使用价值交换）的Stoffwechsel；第二，当马克思谈到"自然的Stoffwechsel"时，指的是作为化学变化的Stoffwechsel；第三，作为人与自然之间的物质代谢的Stoffwechsel。

关于人和自然之间的物质变换，在《资本论》中的引用在意思上有两种解释：

---

① 周林东. 人化自然辩证法——对马克思的自然观的解读[M]. 北京：人民出版社，2008：227.

第一,劳动作为人类生存使用价值的创造中介,是不以一切社会形态为转移的人类基本生存条件,是人与自然之间的物质变换形式,即人类生活得以存在的永恒的自然条件。

第二,劳动过程是人和自然的交换的过程,是人类以自身的活动作为中介,调整和控制人和自然之间的物质变换的过程。在把人的生活看成是"人与自然之间的物质变换"的情况下,人通过劳动获得自然物,把自然物作为对人有使用价值的东西,通过消费把它作为废弃物排放给自然。这一全过程可以看作是"人和自然的物质变换",这种情况下人和自然的物质变换既包含了人以劳动为中介,也包括社会形式的异化。在把劳动过程中人与自然的材料的转换看作是"人与自然物质变换"的情况下,它所表述的并不是"在劳动过程中,人本身与外部自然之间有某种材料的变换在进行";而是说"自然物在作为对人有使用价值的东西而被获得的同时,在这一过程中当它构不成生产资料的东西时,作为废弃物返回自然"。

马克思把劳动作为调整控制"人与自然物质变换"的中介来把握。第一,意味着包含消费生活在内,"人和自然之间的物质变换"是根据"中介"的劳动来进行的,当我们思考当今已成为问题的消费生活中的废物问题时,这种观点指出了不能离开生产讨论废物,因为它提供了重要的视角。第二,马克思提出的调节、控制"人和自然之间物质变换"也很重要,这种观点论述的不是人对自然的支配,而是把人与自然之间的物质变换合理调节。扰乱人和自然之间的内在物质变换,于是就可以被揭示为资本主义商品生产的必然结果。[①]

对此,马克思还说明,要"在最无愧于和最适合于他们的人类本性条件下来进行这种物质变换"。为了能够进行"最适合他们的人类本性"的"人和自然物质变换",要把人与自然之间的物质变换置于合理的调控

---

① Cf. *Marx und die Ökologie* [M]. Berlin: Kursbuch, 1973: 175.

第3章 马克思恩格斯生态自然观的主要内容与特征

范围内,马克思的这一思想对我们应对当今的环境问题尤为重要。

对于马克思恩格斯物质变换和劳动之间理论的根本要义,可以有以下理解。

第一,人与自然之间的物质变换是人类和自然界之间,也是社会系统和自然生态系统之间的最基本的联系。它始终是以生态系统的自然物质变换为基础的,还具有物质变换的另外一种新型的社会形式。马克思指出:"交换过程使商品从把它们当作非使用价值的人手里转到把它们当作使用价值的人手里,就这一点说,这个过程是一种社会的物质变换,一种有用劳动方式的产品代替另一种有用劳动方式的产品。商品一到它充当使用价值的地方,就从商品交换领域转入消费领域。在这里,我们感兴趣的只是商品交换领域。因此,我们只是从形式方面考察全部过程,就是说,只是考察为社会的物质变作媒介的商品形式变换或商品形态变化。"① 马克思的这段话充分说明,研究物质变换不能局限于自然界中,还应当看到物质变换的社会形式,说明物质变换除了存在于自然界之外,还存在着社会的物质变换这样一种新的形式。

第二,人与自然之间物质变换的中介是劳动。在人类劳动中实现的人与自然之间的物质变换,是人通过劳动把社会经济过程纳入自然生态过程,从理论上说,人类的劳动过程是自然生态过程和社会经济过程的交织。马克思曾指出:"劳动首先是人和自然之间的过程,人自身作为一种自然力与自然物质相对立。为了在对自身生活有用的形式上占有自然物质,人就使他身上的自然力——臂和腿、头和手运动起来。当他通过这种运动作用于他身外的自然并改变自然时,也就同时改变他自身的自然。他使自身的自然中沉睡着的潜力发挥出来,并且使这种力的活动受他自己控制。"②

第三,马克思恩格斯将劳动过程比喻成物质代谢。作为劳动具体形

---

① 马克思恩格斯全集(第23卷)[M].北京:人民出版社,1972:122.
② 马克思恩格斯全集(第23卷)[M].北京:人民出版社,1972:201.

式的人类社会生产，是人的物质资料生产和消费相结合的过程，二者都把被打上人的烙印的自然物质再排到外部自然界，最终结果对自然界、对人类是有益还是有害，是人以劳动生产活动调控他与自然之间物质变换关系的一个根本问题。马克思认为："劳动过程，就我们在上面把它描述为它的简单的抽象的要素来说，是制造使用价值的有目的的活动，是为了人类的需要而占有自然物，是人和自然之间的物质变换的一般条件，是人类生活的永恒的自然条件，因此，它不以人类生活的任何形式为转移，倒不如说，它是人类生活的一切社会形式所共有的。因此，我们不必来叙述一个劳动者与其他劳动者的关系。一边是人及其劳动，另一边是自然及其物质，这就够了。根据小麦的味道，我们尝不出它是谁种的，根据劳动过程，我们看不出它是在什么条件下进行的：是在奴隶监工的残酷的鞭子下，还是在资本家的严酷的目光下；是在辛辛纳图斯耕种自己的几亩土地的情况下，还是在野蛮人用石头击杀野兽的情况下。"①

第四，劳动和物质变换的本质，是自然的人化和人的自然化。一是自然的人化过程。人自身自然地作用于他身外的自然，使那种"天然存在的物质财富要素""特殊的自然物质"，变成适合人的需要的各种各样商品的使用价值。二是人的自然化过程。人在劳动过程中掌握和同化自然物质，将大自然无比丰富的属性纳入人的自身，变成人自身的部分，使人本身得到丰富与发展。②

第五，人与自然之间的物质变换是双向变换。马克思科学地阐明了人与自然之间的双向物质变换的辩证关系，在《德意志意识形态》中提出了"人创造环境，同时环境创造人"的论断。在生产与再生产过程中，以农业生产的自然力减少的补偿问题为例，说明社会生产力的增长能否补偿自然生产力减少的问题，就是自然生态再生产实现的条件问题。而

---

① 马克思恩格斯全集（第23卷）[M]．北京：人民出版社，1972：208-209．
② 徐民华，刘希刚．马克思主义生态思想研究[M]．北京：中国社会科学出版社，2012：102．

第3章 马克思恩格斯生态自然观的主要内容与特征

社会产品在物质上、价值上补偿自然生态再生产过程中自然产品的减少，这是人与自然之间物质变换得以顺利实现对人类生产劳动的基本要求。①

在马克思恩格斯看来，要达到发展的可持续性，就要促进物质变换的正常进行，将人与自然界的物质变换与人和社会的物质变换紧密地结合起来。

3.2.3.3 自然价值论是人与自然关系的基础理论

马克思恩格斯自然价值论是在剩余价值学说基础上提出的。价值就是这样一种东西，能创造出有利于有机体的差异，使生态系统丰富起来。人类追问"自然价值"的问题，探讨环境问题的根源。有的学者把资源浪费和环境破坏归罪于马克思的经济学理论。马克思虽然说过自然资源不是劳动产品因而没有价值的话，但是那时人口较少，工业化刚起步，资源可以被"无限"使用，因此"资源无价""资源无主"是被普遍认同的看法，劳动价值论无须为此承担罪责。同时，在阶级斗争作为社会中心问题的时代，人与自然的关系不是马克思恩格斯理论创造的重点。

价值观是人与自然关系的灵魂，霍尔姆斯·罗尔斯顿所理解的价值属性最重要的特征是它的创造性。他明确指出："自然系统的创造性是价值之母，大自然的所有创造物只有在他们是自然创造性的实现的意义上，才是有价值的。凡存在自发创造的地方，就存在着价值。价值就是自然物身上所具有的那些创造性属性，这些属性使得具有价值的自然物不仅极力通过对环境的主动适应来求得自己的生存与发展，而且他们彼此之间相互依赖、相互竞争的协同进化也使得大自然本身的复杂性和创造性得到进化。"② 价值是进化生态系统内在具有的属性，大自然不仅创造出各种各样的价值，而且创造出具有评价能力的人。自然是朝着产生价值的地方发展的，并不是我们赋予自然价值，而是自然把价值馈赠给我们，

---

① 刘思华. 生态学马克思主义经济学原理 [M]. 北京：人民出版社，2006：196-206.

② 余谋昌. 自然价值论 [M]. 西安：陕西人民教育出版社，2003：91.

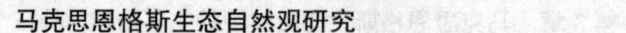

从系统角度看，评价行为不仅属于自然，而且存在于自然之中。

3.2.4 人与自然界冲突对立的生态危机论

3.2.4.1 物质变换断裂是导致生态环境遭到破坏的直接原因

马克思恩格斯在揭示资本主义经济运行规律时，批判资本主义社会的生态危机，提出了物质变换裂缝的观点。物质变换裂缝是对物质循环与转换过程的破坏，既造成人自身自然的异化，又造成人身外自然的异化，严重威胁着人、自然与社会的可持续发展。

恩格斯指出这种物质变换裂缝既是资本主义社会的物质变换违背了自然规律（即物质循环与转化规律），又是自然规律对人及社会的惩罚，是一种生态与经济关系的恶性循环。恩格斯在《自然辩证法》中描绘了人类劳动活动对自然界的破坏所导致的生态经济关系的恶性循环的图画。他还认为，人类经济活动片面追求最高利益，是破坏经济循环和生态循环正常运转的原因。自然的物质变换和循环是一个自然生态过程，速度要慢于社会生产及物质变换。人类无限扩大社会生产和再生产，导致对自然物质过度掠夺，破坏了自然生态系统的物质循环，同时，又大量排除废弃物，阻隔了生态循环。因此，人类经济活动与自然界进行物质变换，应该遵循物质循环与转化的生态规律，才能真正避免人、自然、社会之间物质变换过程出现裂缝现象，实现生态的良性循环。[①] 马克思恩格斯认为通过废物的再利用、人口的分散化和均匀化、工业环境恶化、农业的整合、土壤的恢复和改进等措施可以有限地弥补、减轻代谢断裂，而根本解决代谢断裂问题有待于走向一种联合生产者的社会。很显然，这个社会在环境上是可持续发展的。[②] 马克思恩格斯物质循环思想的要

[①] 刘思华. 生态马克思主义经济学原理 [M]. 北京：人民出版社，2006：310.

[②] [美] 约翰·贝拉米·福斯特. 马克思的生态学：唯物主义和自然 [M]. 刘红胜，肖锋，译. 北京：高等教育出版社，2006：194.

第 3 章　马克思恩格斯生态自然观的主要内容与特征

点，就是强调对废弃物进行"分解"和"再利用"，这就是物质循环的生态利用原则。

3.2.4.2　资本主义生态危机的本质是资本对自然的占有

当代生态危机的产生需要三个条件：(1) 有征服自然的观念作指导；(2) 庞大的工业技术体系，使人的巨大能力可与自然力相匹敌；(3) 人类福利和消费已形成真正反馈循环机制。这三个条件恰好在传统的工业社会形态得到满足，因此，传统的工业社会形态是造成全球生态危机的重要根源。① 今天，生态危机是由于人与自然的关系恶化造成的，并不能割裂人与自然关系和人与人之间的关系。人与自然及人与人之间的关系是互为基础条件的，造成人与自然关系失调，最直接的是对自然的行为方式导致的，也有间接的人与人之间的关系的重要因素。我们今天研究的生态危机主要不是指历史上以自然因素为主产生的生态危机，主要是指人为因素造成的一切生存的危机。从这个意义上讲，生态危机有人本根源。

马克思恩格斯在揭示生态危机产生的自然和社会机制的基础上，清楚地预示了资本主义社会从经济危机向生态危机转化的客观必然性。因为，资产阶级为了克服经济危机以获取更大的利润，必然通过发展科学技术以提高劳动生产率；结果又加大了对自然的征服和掠夺。马克思曾提出："劳动并不是它所生产的使用价值及物质财富的唯一源泉。在资本追求利润最大化的内在冲动下，从剥削劳动财富到掠夺自然财富是资产阶级的必然选择，而从经济危机转向生态危机也就成为资本主义社会的必然结果。"②

当代生态危机的产生，在于人们忽视人与自然关系，无节制地扩大

---

① 叶平. 回归自然：新世纪的生态伦理 [M]. 福州：福建人民出版社，2004：77.

② 刘仁胜. 马克思关于人与自然和谐发展的生态学论述 [J]. 教学与研究，2006 (06)：56.

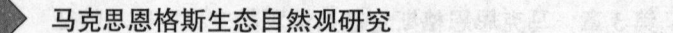

人类单方面的利益。因为一切人类活动之所以不同于自然界的物质运动，根源在于意识的驱动和调节作用。在实践活动中，意识对人类的行为方式、工具手段起着支配作用。但并非人类所有意识都能驱动和调节或支配人的行为，都能外化为具体的实践活动。当代生态危机的根源和本质是统治者忽视人与自然的关系，无节制地扩张人类单方面的利益。

3.2.5 人与自然相处的生态和谐论

3.2.5.1 正确认识和尊重自然规律是人与自然和谐相处的基本原则

人类社会是不可能在一种完全无阻碍的状态下发展的。即人与自然的相处一时间无法调节到人类理想状态，但人类也从未停止过对自然规律的调节。

马克思恩格斯强调尊重自然规律对于实现人类生存需要和社会发展需求的重要性，依据如下：第一，人与自然界相联系，是自然界的一部分。马克思指出："自然界，就它自身不是人的身体而言，是人的无机身体……所谓人的肉体生活和精神生活同自然界相联系，不外是说自然界同自身相联系，因为人是自然界的一部分。"[1] 因此，不论社会文明如何发展，人的生存的自然属性不会产生根本改变。第二，人的思维是至上与不至上、无限和有限的统一，自然科学的发展是循序渐进无限接近自然规律和终极真理的过程。"人的内部无限的认识能力和这种认识能力仅仅在外部受限制的而且认识上也受限制的各个人身上的实际存在这二者之间的矛盾，是在至少对我们来说实际上是无穷无尽的、连绵不断的世代中解决的。"[2] 马克思十分赞赏1847年出版的费拉斯的《各个时代的气候和植物界，两者的历史》一书，认为农民的"耕作如果自发地进行，而不是有意识地加以控制……接踵而来的就是土地荒芜，像波斯、美索

---

[1] 马克思恩格斯文集（第1卷）[M]. 北京：人民出版社，2009：161.
[2] 马克思恩格斯文集（第9卷）[M]. 北京：人民出版社，2009：128.

第3章 马克思恩格斯生态自然观的主要内容与特征

不达米亚等地以及希腊那样"。① 恩格斯在《自然辩证法》中提到，并总结人类向自然界无度索取之后精辟地指出："我们不要过分陶醉于我们人类对自然界的胜利。对于每一次这样的胜利，自然界都对我们进行报复。每一次胜利，起初确实取得了我们预期的结果，但是往后和再往后却发生了完全不同的、出乎预料的影响，常常把最初的结果又消除了。"②

在马克思恩格斯看来，人类尽管像一般动物那样依靠自然界来生活，但是人类并不直接依赖现成的或原始的自然界来生活而是通过改造现存的自然界，他的改造活动表现为对自然界的生产和再生产，正是这一点使得人与动物区别开来。人类与自然的发展是同等重要的，只有与自然界建立一种和谐关系，人类才会有更加美好的未来。

3.2.5.2 "两大和解"是人与自然、人与社会关系和谐的理想境界

努力建构和谐社会，需要积极改善人类发展所面临的生态环境，实现"人同自然界的和解"与"人同本身的和解"的两大变革。这两个和解是密切结合、辩证统一的。恩格斯曾提出，人类未来社会的走向是社会的发展变化将经历两次提升，"只有一个有计划地从事生产和分配的自觉的社会生产组织，才能在社会方面把人从其余的动物中提升出来，正像生产一般曾经在物种方面把人从其余的动物中提升出来一样。"③ 恩格斯所指的"在物种方面把人从其余的动物中提升出来"，揭示的是"人的物种提升"；而"在社会方面把人从其余的动物中提升出来"则揭示了"人的社会提升"。人的两次提升的目标在于通过改善人与自然的关系以及人与社会的关系，改善人类的生存环境，真正实现人的主导地位，最终实现人的自由而全面发展的目的。可以这样说，人与自然以及人与社会的"两次提升"的过程同时也是"两大和解"的过程。

---

① 马克思恩格斯文集（第32卷）[M]. 北京：人民出版社，1974：53.
② 马克思恩格斯选集（第4卷）[M]. 北京：人民出版社，1995：383.
③ 马克思恩格斯选集（第4卷）[M]. 北京：人民出版社，1995：275.

马克思恩格斯生态自然观研究

"人同自然的和解"需要注意保护与改善社会发展的生态环境,优化生态环境与人类社会生存之间的关系;"人同自身的和解"主要是实现人与社会、人与自身的关系和解。马克思恩格斯"人与自然界、人与社会的和谐",反对"自然与历史的对立",主张"人和自然的统一性"。马克思恩格斯认为,解决人与自然矛盾的首要条件就是合理的社会关系,因为说到底这种矛盾产生于不合理的社会关系中。马克思在《资本论》第三卷中特别强调,要把工人与自然之间的物质变换放在恰当的条件下进行,这个条件不是在社会主义条件下,而指的是共产主义。他认为只有在共产主义社会条件下,才有可能使社会化的人、联合起来的生产者,合理地调节他们和自然的物质变换关系。也只有这样才能真正实现人与自然、人与社会关系和谐的"两大和解"。

从马克思恩格斯的生态自然观看当代生态问题,明确人类历史是人和自然相互制约关系的历史,只要存在着人类历史,就必然存在着人和自然的相互制约关系,存在着人对自然的生态方面的问题。[1] 马克思指明了要在社会中实现"人与自然的统一",解决环境问题的根本出路是生产方式的变革和社会制度的革新。马克思恩格斯强调人类走向美好未来的正确选择是走"自然主义—人道主义—共产主义"三位一体的道路。这是一个达到全面、协调、可持续的发展境界的社会。只有在共产主义社会,才能做到人与自然关系、人与人关系的"两个和解"和"两个提升"。[2]

---

[1] 白雪涛. 马克思生态哲学思想的当代价值 [J]. 南京工业大学学报, 2005 (04): 10.

[2] 徐民华, 刘希刚. 马克思主义生态思想研究 [M]. 北京: 中国社会科学出版社, 2012: 136.

3.3 马克思恩格斯生态自然观的基本特征

3.3.1 系统性思维

马克思恩格斯生态自然观把整个自然界（包括人在内）看成是高度相关的系统整体，强调了自然界的系统性和整体性。现在系统论把宇宙看作一个总的系统，总系统下面有分系统，分系统下面有子系统，宇宙就是一个系统循环。这实际上是恩格斯的物质运动循环理论的另一种表述。自然界不存在孤立存在，任何系统组成都或多或少地同环境相交换。自然界的物质系统都是非孤立系统、非封闭系统，是与自然存在相互作用、物质运动循环的开放系统。

恩格斯曾指出，只要认识到宇宙是个系统体系，就必须承认物质是某种既不能创造也不能消灭的东西，运动也是既不能创造也不能消灭的。他依据霍尔姆霍茨的力的守恒定律和迈尔的能量守恒理论论证了这一观点，并提出了物质运动永恒循环的理论。在物质运动循环中，物质的任何有限的存在方式都是暂时的，都是要变化的，都要向其他方式转化，但物质在它的一切变化中是统一的，它的任何属性都永远不会消失。

把马克思系统性思维体现得淋漓尽致的是物质变换思想，物质变换是自然物在"自然—人—自然"……流程中的双向运动。一方面，自然物向着人的流动，是"客体的主体化"。物质生产是这一流动过程的基本形态，物质生产实践把自在的自然物作为生产实践的对象，通过生产转变其存在形式，利用其物理的、生物的属性满足人的多种需要，实现其对于人的使用价值，进入人们的社会生活领域，成为劳动产品和日常生活的消费品。

自然界是整体性的生态系统，生产实践所获得的自然资源和能源是整体自然界的组成部分，生产使得这些组成部分脱离了整体，改变了生态系统。生产实践的改变如果在生态阈值之内，则不会影响生态系统的整体性平衡，人与自然仍然处于有机统一；而一旦人类的生产变成无限度的掠夺，整体性的生态系统就被肢解，生态环境就会遭到严重破坏。另一方面是消费后的废弃物向着自然界流动。经历了生产、交换之后，物质商品进入到人们的消费领域，完成了满足人的需要的消费过程之后，被消费的商品总是会直接或间接地转化为各种各样的废弃物，这些废弃物的排放意味着自然物从生活消费领域转向自然界的流动，这意味着在区域性的生态系统中添加了新的异化的自然物，如果这种添加能够为区域生态系统所降解、为生态系统所能够容纳或者处于生态阈值之内、重新转化为生态系统的组成部分，这种排放对区域生态系统不会造成破坏性的影响，而一旦超过环境能承受的生态阈值，那么就会造成环境污染和生态失衡。

3.3.2 循环性思路

马克思恩格斯在分析资本主义生产方式的过程中，揭示了资本主义生产方式的不可持续性，提出了废物再利用的循环经济思想，这些思想与今天的主流循环经济思想具有惊人的一致性，体现了马克思恩格斯循环经济思想的深刻性与预见性。[①] 马克思恩格斯认为，整个自然界是一个有机联系的整体，自然界事物遵循着永恒循环和无限发展的规律，从而揭示了作为整体的自然界和社会这个统一客观世界系统运动的基本形式，就是物质具有循环性的特征。客观世界的物质，都是处在一种周而复始的循环运动之中。循环是指物质可以被多次重复利用，在一个系统中以某种具体形态消失，又在另一个系统中以某种具体形态出现，在不同系统之间反复利用。

恩格斯依据辩证唯物主义的原理和大量的科学事实，提出了物质运

---

① 秦书生，王宽. 马克思恩格斯生态文明思想及其传承与发展 [J]. 理论探索，2014（1）：45.

动永远循环的理论。他说:"整个自然界被证明是在永恒的流动和循环中运动着。"① 这是包括人、社会在内的整个自然界运动的普遍现象。因此,整个生态系统处在永恒流动和循环运动之中,是一个从低级到高级不断发展的过程,是一个周而复始的循环性过程。自然界中生态系统的物质循环分为生态系统的营养物质循环和生物圈中的生物地球化学循环。这一过程与生态系统中的能量转化是同时进行、互为条件的。②

人类为了自身需要,向自然界索取物质,纳入社会生产过程,"在有用的形式上占有自然物质",而所剩下的对人类社会生产和社会生活来说,则是无用形式的自然物质,作为"生产和消费排泄物",在生产过程排出,返回到自然界。而对自然生态系统来说,在社会系统的所谓废物,流入到生态循环当中,最终聚集在自然生态系统的有机系统中,并为经济循环提供自然物质。人类就这样通过劳动实践,不断往复循环地和自然界进行物质交换,以至无穷。

3.3.3 社会历史的人本取向特征

人本主义是贯穿马克思主义思想发展历程的一条红线,以人为本是马克思恩格斯的最现实导向,对于马克思恩格斯生态自然观来讲,人的全面发展思想是其核心价值理念。将人作为发展的目的而非手段,使人得到全面自由的发展,是马克思毕生追求的理想。马克思主义人的全面发展思想的基本内容包括:第一,人的发展是追求人的本质实现的过程,作为完整的个体的人,是自然因素、社会因素和精神因素的统一体。第二,"全面发展的人"蕴含着人的多重规定性——个体人、社会人、生态人、历史人,总体人类以及当代人、后代人。"全面发展的人"即人的多重规定性的统一,意味着人本身是未完成的,而且是不断完成的存在。

---

① 马克思恩格斯全集(第20卷)[M]. 北京:人民出版社,1971:370.
② 刘思华. 生态马克思主义经济学原理[M]. 北京:人民出版社,2006:196.

第三，人的全面发展是劳动、能力、个性、需要等方面相互联系、相互依赖、相互促进的统一体。① 从马恩的论著所阐述的思想看，人的全面发展包括五个方面的基本内容：人的需要的全面发展；人的能力的全面发展；人的实践活动和创造生活的全面发展；人的社会关系的全面发展；人的各种潜能将得到充分发挥。② 其中，劳动的解放，即把异化劳动变成真正自由自觉的人的活动，是人的自由全面发展的根本标志。不仅如此，人的全面发展，还包括"人类""个体人"全面发展的思想。第四，人的全面发展是一个历史过程，人的全面发展是未来社会的终极目标和本质特征。马克思恩格斯认为在前资本主义和资本主义社会中，人的发展只是片面的和畸形的，只有到了共产主义社会——"每个人的自由发展是一切人的自由发展的条件"的社会，即自由人联合体，才能达到"每个人的自由发展是一切人的自由发展的条件"。③

---

① 徐民华，刘希刚. 马克思主义生态思想研究 [M]. 北京：中国社会科学出版社，2012：61.
② 牛德林. 论人的本质、人的全面发展与人的可持续发展 [J]. 哈尔滨市委党校学报，2008 (06)：17.
③ 马克思恩格斯文集（第2卷）[M]. 北京：人民出版社，2009：53.

第4章 马克思恩格斯生态自然观的哲学审视

上一章我们探析了马克思恩格斯生态自然观,分析了马克思恩格斯生态自然观的出发点、基本内容和特征,不难发现,马克思恩格斯从实践的角度、生态化的思维去考察人与自然、社会的关系,创立了以实践的人化自然为核心的多维度的自然观。可以说马克思恩格斯生态自然观的创立具有划时代的意义,它完成了哲学史上伟大的变革。本章节我们将从哲学视角(本体论、认识论、存在论以及价值观与唯物史观)更加细化地分析马克思恩格斯生态自然观的哲学理念。

4.1 马克思恩格斯生态自然观本体论审视

本体论是回答思维与存在关系的问题,是一切哲学的根基,我们从哲学本体论去探讨,马克思恩格斯生态自然观的哲学并未超越本体论,而是建立了自己独特的本体论体系,它不仅认为本体论的对象是存在,它更强调通过对人与自然、人与社会、社会与自然整个存在物的关系进行研究来作出全面的科学的解释。也就是说存在的各种关系不是出发点,而是宏观地从整个关系中去理解。上述三者的联系通过人类的实践活动得以发生关系,在实践活动中处于不同的层面,其作用和地位也是各不相同。人与人之间形成社会关系则是实践活动的隐性层面,是本体论维度，属于实践活动中的社会存在基础，它对人与自然关系的展开方式、性质和前景具有决定性的作用。

4.1.1 自然的先在性与物质性

人与自然作为一个不可分割的整体是马克思恩格斯生态自然观的哲学基础和出发点，这也涉及马克思主义哲学的本体论思想。对于马克思恩格斯来说，脱离人的自然（抽象的自然）和脱离自然的人（脱离肉体的精神，或独立的意识）都是无，即非存在物。用马克思的话来说，所谓人和自然界的实在性，就是指"人对人说来作为自然界的存在以及自然界对人说来作为人的存在"。① 这是一种"关系实在论"的思想。按照这种新的哲学思维方式，我们的对象只能是现实的世界，是人类实践中生成的世界，是作为自然存在物的人和作为人的对象的自然界。换言之，马克思恩格斯自然观不研究抽象的世界。神学中作为宇宙主宰和造物主的"上帝"，黑格尔哲学中脱离自然独立存在的"绝对精神"，抽象唯物主义的"物质"或康德的不可知的"自在之物"，这一切抽象的主体与客体都是人类实践中不可能生成的东西，是"凌驾于自然界和人之上的存在物"，实质上都是非存在物。马克思恩格斯自然观对近代哲学的超越性就在于：它引导我们走出近代哲学家构建的虚幻世界，直接面对人类生活的现实世界，亦从种种虚构的本体转向唯一真正实在的本体——社会（人与自然的统一）。

马克思指出了自然的先在性，自然世界对人类世界具有依存的先在性，"劳动"作为人类的实践手段，作用的基础在于自然界，实践的产物"人化自然"的基础也在于自然界。"对劳动的自然条件的占有，即对土地这种最初的劳动工具、实验场和原料贮藏所的占有，不是通过劳动进行的，而是劳动的前提。个人把劳动的客观条件简单地看作是自己的东

---

① 马克思恩格斯全集（第42卷）[M]. 北京：人民出版社，1979：131.

第4章 马克思恩格斯生态自然观的哲学审视

西,看作是使自己的主体性得到自我实现的无机自然。劳动的主要客观条件本身并不是劳动的产物,而是已经存在的自然。"①

马克思恩格斯所谓的"自然先在性"与黑格尔派的抽象自然概念不同,黑格尔的绝对精神被设定为先在于自然和人而存在,而他所谓的自然界也只是这种精神的异在形式,所以这种抽象的自然界被赋予"先在性",至少它也先于人而存在;同时它作为绝对精神的外在形式,是一种与人分离的自然界,因而也具有抽象的"客观性"。但是,这种具有抽象先在性和客观性的自然界毕竟"只是自然界的思想物",而不是人类生存于其中的现实的自然界。

马克思继承和采纳了费尔巴哈的旧唯物主义自然观对哲学对象的革命性变革和全新的规定,说他"紧紧抓住了自然和人",以人以及作为其基础的自然作为自己新哲学的最高对象。在本体论维度上,坚持自然界的物质本原性,将自在自然视作人类活动的极限性前提。是马克思对旧唯物主义自然观的一种扬弃。费尔巴哈曾明确说过,人不是自然界的"异在",而是自然界的一部分。他写道:"从我的观点来看,那个做人的前提,为人的原因或根据,为人的产生和生存所依赖的东西,不是也不叫作神,而是叫作自然界。至于那个自然界在其中化成有人格、有意识、有理性的实体的东西,在我的学说中是并且叫作人。"② 费尔巴哈分别给自然界和人下了这样的定义:自然界就是"为人的产生和生存所依赖的东西";而人则是"自然界在其中化成有人格、有意识、有理性的实体的东西"。这两个定义有一个共同的前提,就是人与自然的统一。马克思在建立唯物史观的过程中给予充分的重视。

马克思恩格斯本体论认为,自然对人具有先在性和制约性,人本身以及人的意识都是自然的产物。都属于物质的范畴,相对于物质范畴来

---

① 马克思恩格斯文集(第8卷)[M]. 北京:人民出版社,2009:134.
② 费尔巴哈哲学著作选集(下卷)[M]. 荣震华,王太庆,刘磊,译. 北京:生活・读书・新知三联书店,1962:523.

讲，意识只是其中的一部分。马克思说："意识一开始就是社会的产物，而且只要人们存在着，它就仍然是这种产物。当然，意识起初只是对直接的可感知的环境的一种意识，是对处于开始意识到自身的个人之外的其他人和其他物的狭隘联系的一种意识。同时，它也是对自然界的一种意识，自然界起初是作为一种完全异己的、有无限威力的和不可制服的力量与人们对立的，人们同自然界的关系完全像动物同自然界的关系一样，人们就像牲畜一样慑服于自然界，因而，这是对自然界的一种纯粹动物式的意识。"①

总之，马克思恩格斯生态自然观本体论认为，人通过自己的实践活动在比动物更加广阔的范围内依赖自然界而生活。强调人的主体能动性和从实践的角度去理解自然，这是马克思恩格斯生态自然观内在统一的、不可或缺的两方面，抛开任何一个方面都是对马克思恩格斯思想的背离。

4.1.2 自然是客观存在物的总和

马克思恩格斯本体论指出，我们不能从直观和抽象，而要从人的实践视角理解自然界。自然界是客体，是一切客观存在物的总和。马克思在《青年在选择职业时的思考》中写道："自然本身给动物规定了它应该遵循的活动范围，动物也就安分地在这个范围内运动，不试图越出这个范围，甚至不考虑有其他什么范围存在。"② 这正好说明了与人在选择时要受到自然制约一样，人在自然面前，始终受到那个客观实在性的制约。

首先，自然界是客观存在并且容纳万物的有机体，一切客观存在之物都归属于这个有机体中，包括人体内各种组成元素，都是自然界的组成部分，人类在后期通过实践发展而产生的各种工具、产品无不来自自

---

① 马克思恩格斯选集（第1卷）[M]. 北京：人民出版社，1995：81-82.
② 马克思恩格斯全集（第40卷）[M]. 北京：人民出版社，1965：3.

第4章 马克思恩格斯生态自然观的哲学审视

然界这个客体。它包容着整个物质世界;自然界是人的无机身体,人是自然界的一部分,自然是人为了不致死亡而必须与之处于持续不断的交互过程的、人的身体。其次,人类利益成为人类对待自然和处理人与自然关系的根本标尺。不论个人、群体、地区、国家、民族乃至全世界,都有不同层次的利益链条与自然相联结,自然环境成为人类社会关系的重要媒介。第三,人是自然价值的主体,且这种价值主体的目标是全人类的整体利益。人作为自然价值的主体是具有整体性的,其价值目标是全人类的整体利益。人类自身的整体利益是人类实践选择的唯一的、终极的价值尺度,这是由地球生态系统的整体性和系统性所决定的。以人为主体、以人为本,意味着把人类在自然生态系统中的"公共利益"作为自己的价值目标得以确立,这是人类的最高层次或是最基本层次的价值。

马克思恩格斯的辩证自然观从人与自然的历史性的实践关系出发,将传统自然观中的直观自然区分为自在的自然和人化的自然,这种"人化自然"的思想是人类对自然界认识的重大飞跃,从根本上超越了旧唯物主义的自然观。马克思恩格斯的自然概念强调自然的优先地位,这种自然既包括自在自然的历史优先性,也包括人化自然的物质基础性。马克思恩格斯强调人化自然,但并没有忽视自在自然。从哲学本体论上看,马克思恩格斯所使用的"自然的""天然的自然"这类修饰词,常常同时蕴含着"客观实在的""具有客观规律性的"或"不以人的意志为转移的"等各种意义。"关于某种异己的存在物、关于凌驾于自然界和人之上的存在物"被拒斥,"对自然界和人的非实在性的承认"[①] 被否定。总之,在马克思这里,自然不是绝对观念的外化,自然就是自然,它是物质,也是客观存在物的总和,具有客观实在性的特征。

---

① 马克思恩格斯全集(第42卷) [M]. 北京:人民出版社,1979:131.

4.1.3 历史本体论

马克思在1843年致卢格的信中表示"对于人从何处来"这个问题没有什么疑问。并在《巴黎手稿》中明确指出人来自自然界。首先,"人是自然界的一部分",这里已包含着人来源于动物界的思想萌芽。他在书稿中有意识地将人与动物作了多方面的比较。人从动物界中分离出来后,保留着:"动物机能",也产生了动物所不具备的"人的机能"。其次,他断然否定神学的"创世说",主张劳动创造世界的观点。他在手稿中说:"大地创造说,受到地球构造学(即说明地球的形成、生成是一个过程、一种自我产生的科学)的致命打击。自然发生说是对创世说的唯一实际的驳斥。"[①] 他认为人和自然的形成或生成都是一种"自我产生"的过程,所以不能提诸如"谁产生了第一个人和自然界的问题",否则就等于承认"造物主"的存在。至于人和自然如何"自我产生"的机制,他认为就在于人类的劳动(自然界在人类产生以前是纯粹的"自我产生",在人类产生之后则主要是人类劳动的产物)。他在手稿中写道:"动物只生产自身,而人再生产整个自然界。"所谓"人通过人的劳动而诞生"是广义的,既是指人通过劳动作为新的物种的诞生,也是指人通过劳动最终成为真正社会意义上的人。而狭义的"劳动创造人"的问题,他也开始有所涉及,在手稿中这样表述:"有意识的生命活动把人同动物的生命活动直接区别开来。"这里,有意识的生命活动指的是劳动。

马克思恩格斯曾经把人自身的自然区分为两部分:一是"有机的身体"的自然,即作为人的身体的自然;二是"无机的身体"的自然,即人的机体以外的自然。人是自然存在物首先是指"有机的身体"的自然,人是从动物、从类人猿进化来的。

马克思恩格斯自然观的唯物主义性质主要不在于强调原始自然的优

---

① 马克思恩格斯全集(第42卷)[M]. 北京:人民出版社,1979:130.

第4章 马克思恩格斯生态自然观的哲学审视

先存在及相对于人类的本原意义,而在于坚持认为人的对象性活动中,人类活动对象对他来说是外在的,不依赖于人的主观意志的,就是人对自然物的改变也只有通过自然的物质力量才有可能。

吴国盛所著《自然本体化之误》一书,认为物质或自然界不是哲学本体,研究物质和自然界是自然科学的任务,应当"把人作为本体",从人类主题的角度、人类实践的角度来看待世界。马克思生态自然观强调人是指人的世界(包括人和自然),是人类和自然相互作用的世界。也就是说,世界的存在是"人—社会—自然"的复合生态系统,世界的本源不是纯客观的自然界,也不是纯粹的人,而是"人—社会—自然"复合生态系统的整体。① 因此,马克思恩格斯生态自然观认为人与自然在本体论上是相统一的,这就为正确处理人与自然的关系指明了总体方向。

4.2 马克思恩格斯生态自然观认识论审视

认识是在实践基础上的主观与客观的辩证统一。在马克思那里,实践的"改变世界"是认识的"解释世界"和理解世界的目的,认识和理解不过是改变世界的主观条件。不是认识决定生活,而是生活决定认识,体现了马克思恩格斯对唯心主义认识论的超越。人们的认识随着人们的生活实践、人们的社会关系、人们的社会存在的改变而改变,同时,认识对于人们的现实生活也具有反作用,甚至在特定条件下,人的认识是什么样的,人的实践方式、生活方式就会是什么样。生活决定意识、而不是纯粹的物质决定意识,体现了马克思恩格斯对旧唯物主义的形而上学认识论的超越,物质决定意识导致了对人的认识的简单而机械的还原,而生活则是动态的展开过程,生活决定意识则指向认识的根源性。

---

① 余谋昌. 环境哲学:生态文明的理论基础 [M]. 北京:中国环境科学出版社,2010:264.

人与自然关系是实践活动的显性层面，是认识论维度，关注的是人如何发现自然规律进而改造自然界的问题，属于技术和感性层面，它对人与人的关系具有发生学的意义。

4.2.1 人与自然认识关系中的主体与客体

人的认识具有历史性，理性认识总是一种认识过程中的抽象和概括，认识的抽象要避免成为空话，就必须立足于现实生活，因此，人的认识必将随着历史的发展而具有历史性。离开了现实的历史，抽象的意识就是空话，这说明了马克思的认识论是现实性的、历史性的。主客体的区分、分化是与人成为人的过程相一致的。人作为一个新物种的出现，从古猿的物我不分、客主混一到人的主体地位逐渐确立的过程，是主客体分化和主客体关系形成的过程。

马克思恩格斯生态自然观认为人与自然的认识关系是在人与自然的实践关系的基础上产生的，即实践的主体——人。马克思以有血有肉的社会的人，即以兼具自然和社会双重属性的从事活动的人作为新哲学的起点，明确宣布："我们的出发点是从事实际活动的人。"[①] 马克思认为，人是世界的一部分，但又是极其特殊的一部分，是自然界中自觉的存在物；人作为主体，首先是现实的行动者，而绝不仅仅是旁观的纯思想者；人，既按照人的尺度，也按照事物的尺度去改造世界。马克思恩格斯自然观的主要任务就是阐述人的历史性活动，解释和说明人如何改造世界。马克思恩格斯承认人是主体，但只是有限的主体。首先，面对自然，人的能力是有限的。人永远只能实现自身能力可能和允许的目标，如果人超越自身能力提出不切实际的目标，那么不但目标不能实现，还要受到惩罚。其次，作为一定社会关系的承担者，人总是特定的社会角色。人总是按照某种社会角色规定的权力、责任和利益在行动，具有时代、社

---

① 马克思恩格斯选集（第1卷）[M]. 北京：人民出版社，1995：73.

第4章 马克思恩格斯生态自然观的哲学审视

会的局限性。总之,尽管人具有自由意志,但是人的行动总是有限的。

马克思说:"正是在改造对象世界中,人才真正地证明自己是类存在物。这种生产是人的能动的类生活。通过这种生产,自然界才表现为他的作品和他的现实。因此,劳动的对象是人的类生活的对象化:人不仅像在意识中那样理智地复现自己,而且能动地、现实地复现自己,从而在他所创造的世界中直观自身。"① 主客体关系不是自在的关系,而是被建立起来的,是社会性的被建立起来的关系。自然界在人类出现之前很久就存在了,但那时它并不是人的客体,不作为人的客体而存在,只有在被纳入人的劳动过程、进入人的视野、成为意识到的存在之后,它们才成为人的对象,成为一定主体的客体。人的对象世界即客体世界是不断地被建立起来的,也是不断地得到扩大和丰富的。

马克思恩格斯生态自然观强调"主体是人,客体是自然"。主体的需要越来越提高和发展,客体的领域越来越宽阔、越来越深刻,则主客体关系越来越多样性。正如马克思所说:"由于人类自然发展的规律,一旦满足了某一范围的需要,又会游离出、创造出新的需要。因此,资本在促使劳动时间超出为满足工人身体上的需要所决定的限度时,也使社会劳动即社会的总劳动划分得越来越多,生产越来越多样化。社会需要的范围和满足这些需要的资料的范围日益扩大,从而使人的生产能力得到发展,因而使人的才能在新的方面发挥作用。"②

马克思指出:"这些对象是他的需要的对象,是表现和确证他的本质力量所不可缺少的、重要的对象……这就等于说,人有现实的、感性的对象作为自己的本质即自己的生命表现的对象;或者说,人只有凭借现实的、感性的对象才能表现自己的生命。"③ 那么,什么是对象?在马克思看来,对象是事物与事物之间普遍具有的,并各自表现和确证对方的

---

① 马克思恩格斯全集(第42卷)[M]. 北京:人民出版社,1979:97.
② 马克思恩格斯全集(第47卷)[M]. 北京:人民出版社,1979:260.
③ 马克思恩格斯全集(第42卷)[M]. 北京:人民出版社,1979:167-168.

存在状况、生命活动和本质力量的一种现实存在而必然发生的关系。从理论上讲，自然界是人的精神的无机界；从实践上讲，整个自然界是人的直接的生活资料，人在肉体上只有靠自然产品才能生活。对自然界的认识、改造过程，就是人的本质力量对象化的过程，人对自然的认识同时是对人自身的认识。

4.2.2 以实践为基础的人与自然的认识关联

在马克思恩格斯的视野中，实践是人类把握世界的基本方式，实践是人所特有的物质活动，区别于人类对世界的观念把握；实践是人与世界全部关系的基础，人与自然世界的关系、人与社会世界的关系的基础都是实践，人与自然世界的关系使人与自然世界进行物质交换，人与社会世界的关系则启示人们"正像社会本身生产作为人的人一样，人也生产社会"（马克思语）；实践是人类哲学思维的基本立足点，很自然，既然实践是人与世界全部关系的基础，那么以人与世界的关系作为反思对象的哲学思维，就应当从实践出发去解释人与自然的关系。[1]

青年马克思，一方面肯定费尔巴哈的唯物主义立场，从现实的人及其活动出发背叛了德国古典哲学的唯心主义；另一方面批评费尔巴哈止步于直观唯物主义，特别强调实践的基础性、决定性、革命性作用，最终走向和达到了实践唯物主义、历史唯物主义的新哲学世界观。[2]

认识的发展有着内在的逻辑，具有相对独立性。同时，也必须要在现实发展中来考察，而不可脱离现实的境遇把相对的独立性绝对化。思想的解放意味着认识的进步，马克思恩格斯认识论革命的实质是对整个近代哲学的根本变革。实践是认识的前提和归宿，这不仅意味着实践哲学包含着认识论的范式革命，更意味着对近代哲学的实践论革命。

---

[1] 田鹏颖. 马克思与社会工程哲学 [M]. 北京：人民出版社，2012：64.
[2] 王劲民. 从马克思出发："实践的唯物主义"逻辑构造 [M]. 北京：中国社会科学出版社，2009：33.

第4章 马克思恩格斯生态自然观的哲学审视

按照马克思恩格斯的观点，人们为了创造历史，必须能够生活；为了能够生活，必须进行物质实践，实现人与自然之间的物质变换；为了实现人与自然之间的物质变换，人与人之间必须互换其活动，并必然结成一定的社会关系。社会关系"不过是他们的物质的和个体的活动所借以实现的必然形式"。[①] 即使社会生产力本质上是在人们改造自然的实践活动中形成的人的实践能力。实践是全部社会关系的发源地和全部社会生活的本质，历史本质上是人的实践活动在实践中的展开。从根本上说，社会历史就是在人与自然之间的物质变换中形成和发展起来的。在实践过程中进行的人与自然之间的物质变换形成了社会存在和发展的"永恒的自然必然性"。

马克思恩格斯自然观是实践唯物主义而不是抽象唯物主义，所以他们的实践观也不是抽象的东西，而是具有丰富的历史内涵的。已故的著名哲学家、中国人民大学萧前教授，是马克思"实践的唯物主义"的倡导者。萧前教授认为实践"最基本的是以下三种特性：客观性、能动性和社会历史性"。[②] 从这三种基本特性的角度来理解，实践只能是人自觉自主地参与、影响和改变物质世界的社会历史的活动。

对于马克思恩格斯来说，最重要的生产实践就是劳动。人类的劳动不仅创造了人类本身，而且也创造了人类的生活世界。具体地说，这种创造是一个漫长的历史发展过程：首先，人类的劳动在物种关系方面把人类从动物中提升出来。这个过程大约在三百万年前就已完成了，可是人类在社会关系方面却迄今还不能说已完全摆脱了动物社会关系。其次，人类还有第二次提升，即未来更加充分发展的人类劳动将会在社会关系方面把人类再次从动物中提升出来。这两次"提升"之所以不能同时完成，是因为人类最初生产自己所必需的生活资料的劳动仅仅把自身和其

[①] 马克思恩格斯选集（第4卷）[M]. 北京：人民出版社，1995：532.
[②] 萧前文集 [M]. 北京：中国人民大学出版社，2004：190.

他动物区别开来，而与社会关系相关的人类的社会意识和社会存在都是由人类劳动的规模和发展程度来决定的，亦即由生产力决定的。这种生产力体现了人与自然的关系。换言之，人类的意识究竟多大程度成为人的意识，这将取决于人类能在多大程度上将自然改造成为人的对象。所以，马克思说"人的感觉、感觉的人性，都只是由于它的对象的存在，由于人化的自然界，才产生出来的。"这里的人化自然界虽说是人造之物，但并非所有的人造自然物都是人化自然界。在资本主义社会，工人创造的物质财富不能直接为工人所享有，而是被资本家占有。这种"人造自然界"恰恰不是人化自然界，而是劳动异化的产物——异化自然界。从异化自然界到人化自然界将是一个漫长的历史发展过程，因而工人的存在和意识要变为真正人的存在和意识也将相应地有一个历史发展过程。马克思曾批评近代哲学认识论有一个最大的缺点，就是撇开人的劳动，亦即撇开近代工业这一人与自然之间的现实的历史关系，所以就不能成为真正的科学。通过这种富有历史感的实践观，我们对于恩格斯说的"对不可知论的最有利的驳斥就是实践"可以进一步作这样的理解：不可知论作为一个难题出现在主客二分的近代哲学中，恰恰对应于近代资本主义社会人与自然尖锐对立的状况，所谓思维无法达到物自身只不过是人在现实生活中达不到自己的人的自然界的哲学表现。事实上，在马克思那里，传统的认识论已被融合进他的历史观了。

当前，人们对马克思恩格斯生态自然观的解释主要有认识论范式和生存论范式两种。认识的实践观是一种传统的实践观解读范式，在强调认识到实践论基础的时候认为实践是认识的来源、动力、标准和归宿，指出了实践的系统结构。而生存论实践观以人的生存为基本视角考察人的实践活动、实践的哲学内涵和哲学的实践论立场，把生存本体化，把实践作为展开人的生存结构和生存世界的主要方式，对传统的认识论实践观有着重大的理论突破。

4.3 马克思恩格斯生态自然观存在论审视

马克思恩格斯的哲学革命在其根基之处开辟出存在论的新路向，彻底终结形而上学的实体性存在论，马克思恩格斯哲学革命的最重要环节是对近代西方哲学存在论的根本颠覆，这一颠覆为马克思恩格斯的全部理论奠定了存在论的基础。

4.3.1 自然存在到社会存在

马克思恩格斯的存在论革命是把人的生存实践作为理解存在的基石。传统哲学的存在论把物质的或者精神的实体作为研究存在的思想通道，而在马克思恩格斯看来，"对任何一个人来说，最近的存在物就是他自己"。[①] 人的存在是人透视存在的最便捷、最切近的思想通道，人的存在是人的生存实践，因此，离开人的生存另外地寻找存在的显现方式，或者从抽象的人那里寻找存在的显现方式都不过是抽象的理论思维的产物。

卢卡奇说："任何一个马克思著作的公正读者都必然会察觉到，如果对马克思所有具体的论述部分给予正确的理解，而不带通常那种偏见的话，他的这些论述在最终意义上都是直接关于存在的论述。"[②] 马克思恩格斯的存在论不是从实体来考察存在的，而是通过人的生存实践所形成的社会关系来领悟存在，把物质世界与主观意识建立在人的生存实践的基础之上，获得了存在论的真谛。

从人的生存出发，马克思恩格斯并不是要重建近代形而上学，而是把视野转向现实的人的生活，关注现实的人自身和人的存在。同时马克思恩格斯没有失去其哲学的存在论根基，而是在哲学存在论根基处重新

[①] 马克思恩格斯全集（第2卷）[M]. 北京：人民出版社，1957：127.

[②] [匈] 卢卡奇. 关于社会存在的本体论 [M]. 白锡堃，张西平，等译. 重庆：重庆出版社，1993：637.

置换了存在论的理论原则。海德格尔对马克思主义有这样的评价:"纵观整个哲学史,柏拉图的思想以有所变化的形态始终起着决定性作用。形而上学就是柏拉图主义。尼采把自己的哲学标示为颠倒了的柏拉图主义。随着这一已经由卡尔·马克思完成了的对形而上学的颠倒,哲学达到了最极端的可能性。"①

马克思恩格斯认为,人、自然、社会的统一是人类生态的基本结构。人类与其生存的世界是一个有机整体,人的对象化存在不能由主客二分的思维方式而被分化。感性的自然世界和社会世界共同构成了人的生活世界,它们既是人化的创造物,也是人所寓居的生存环境。作为人化创造物,自然世界和社会世界带有人的印记,体现人的历史性存在;作为人所寓居的世界,人依赖环境并且作为生态系统的成员而存在,人的生存活动不能破坏自己的生存世界。

以人与自然关系为对象的生态自然观思想总有其存在论基础。传统的存在哲学把所有的实体、自然存在物当作哲学的对象,其生态自然观是物的关系的集合,物与物之间的关系是机械的。而马克思恩格斯生态自然观不是把物的集合当作存在论意义上的生态现象,而是把人的生存实践作为理解人类生态系统的基本介质,这是由马克思恩格斯生态自然观存在论性质所决定的。

4.3.2 从自在的实体性存在到对象性的实践生存论的变革

马克思恩格斯的实践生存论的生态自然观与近代形而上学自然观的区别是:近代唯物主义自然观是实体性的自然观;近代唯心主义自然观是把自然界当作精神运动的实现环节;马克思恩格斯生态自然观是把自然看作人的实践生存世界。

---

① [德] 马丁·海德格尔. 面向思的事情 [M]. 陈小文,孙周兴,译. 北京:商务印书馆,1999:70.

第4章 马克思恩格斯生态自然观的哲学审视

从实践生存论的存在基础出发，马克思不是把自然视为物质实体的堆积，也不把自然视为精神实体的外化形态，而是把自然视为人的感性的对象性世界，视为实践展开的人的生存世界。尽管马克思恩格斯也承认存在着在人之外的自然、先于人的自然，但是这种自然对于人来说是无意义的，人化自然更强调自然作为人的生存世界，是人生存于其中的感性世界，这个感性世界，不是就人的有机的身体而言，是人的无机的身体。因此，不能离开人的存在来讨论自然的存在，外在于人的自然对人来说是无。自然是什么样的？是由人的生存实践所造就的。

在马克思的生态自然观中，自然的生存论离不开两个基本维度：实践的维度和社会的维度。从实践维度看，人与自然的实践性关联是在人的生存实践中展开的。实践是人的基本存在方式，也是自然的人化方式或者人化自然的存在方式，由此，实践是马克思恩格斯生态自然观的基本理论视角。实践作为人的基本存在方式，是人的生存世界的展开，具有生存论实质，实践的生存论性质决定了自然的生存论存在。从社会的维度看，人的生存始终具有社会的属性，社会性是马克思生态自然观的根本维度。只有具有社会性的人才能是现实的人，只有具有社会性的自然才是人的自然现实。由于现代社会中的实体性形而上学受到资本的控制，现代的自然观在于自然物的商品化通过人的生存世界的改变而体现人的主体性力量。[1]

自然的存在是在人的社会生活中展开的。在资本控制下的实体性形而上学，哲学视野中的物、物质、自然物、实体、存在者与经济学视野中的商品和使用价值一体化。使用价值是自然实体由自在的形式转变为适用的形式，是商品的物质性存在。在资本的逐利原则驱动下，物性规定人性而不是人性规定物性，即物性的商品规定了人的存在方式，而不是活劳动的人规定劳动产品的性质。而马克思立足于生存论的存在论基

---

[1] 陶火生.马克思生态思想研究[M].北京：学习出版社，2013：88.

础，对实体性的商品拜物教提出了深刻的批判。马克思说："商品形式在人们面前把人们本身劳动的社会性质反映成劳动产品本身的物的性质，反映成这些物的天然的社会属性，从而把生产者同劳动的社会关系反映成存在于生产者之外的物与物之间的社会关系。由于这种转换，劳动产品成了商品，成了可感觉而又超感觉的物或社会的物。"① 劳动的社会性质变成了劳动的物的性质、劳动者的社会关系变成了非劳动者的物与物的关系，商品的神秘性质就是物的外壳对人与人的关系的遮蔽性质，是人从属于物的性质。

4.4 马克思恩格斯生态自然观价值论与唯物史观审视

4.4.1 马克思恩格斯生态自然观价值论审视

哲学的价值关怀是哲学家研究人与世界的关系时所蕴含的价值取向和取舍态度，其中包含了研究对象的价值排序，是哲学家的价值观的理论表达。价值作为一种关系概念，指向的是对象与人的需要的一致性，是物对人的意义。人的需要、人的存在本身不是抽象的、静止的，而是处于生存展开的动态过程之中，因此，物、世界对人的意义，实质上是世界的存在对人的生存的意义。世界的存在对于人的意义则是人如何"安身立命"的需要的实现。

马克思恩格斯是直接承续德国古典哲学开始他们的哲学活动的。马恩活动的年代，现代价值论还处于酝酿时期，一些有影响的论作都是在马克思逝世后出版的，而在马克思逝世后恩格斯把主要精力都放在整理出版马克思未完成的《资本论》遗稿上，这就决定了马克思恩格斯不可能对当时正在兴起的价值论思潮有较多的关注，我们只能从其论著中挖掘其价值论思想。

---

① 马克思恩格斯文集（第5卷）[M]．北京：人民出版社，2009：89．

4.4.1.1 人与自然价值论思考

马克思恩格斯对自然界的思考不但是认识论角度的思考,更是价值论维度的哲学思考。我们知道,在西方理论界,长期存在把马克思恩格斯当作是物质决定论和经济决定论的误解,他们认为马克思恩格斯根本不重视人和人的价值问题,自然在哲学上也没有自己的价值理论。"结果,西方世界的当前兴趣便集中在马克思恩格斯以下几方面的论述上,即对人的看法,对异化的人的分析以及要建立一个人人不受剥削的更人道的社会,才能使每个人的全部潜在能力发展得最完满的建议。"[①] 西方马克思主义理解的马克思在很大程度上也是人道主义的马克思。在苏联,图加林诺夫发表《马克思主义中的价值论》,成为苏联理论界研究价值问题的早期代表。他指出:"价值问题是同马克思列宁主义的最深刻实质、同它的灵魂联系在一起的。在一些马克思主义者的言论中,似乎马列主义经典作家不曾研究过价值问题。这很令人费解。……马克思的商品价值理论是价值论的经济学表现,并且给我们提供了详细研究价值理论的全部重要的方法论前提。""马克思主义思想及其所倡导的价值是整个人类史上最人道、最壮美、最高尚的价值,阐述、解释、发展和传播这些价值的荣幸落到了我们身上。我们的目的是能够使更多的人认识到这些思想的实际价值。"[②]

苏联对马克思恩格斯价值观的讨论与其解放思想有着内在的关联。二十年后,中国价值论的兴起也是实践标准的讨论,并恢复了解放思想、实事求是的思想路线和改革开放的直接相关联性。中国化讨论总结为:马克思恩格斯从人类自身生存、发展需要的角度,阐述了人与自然之间所存在着的需要与被需要的价值关系。人的需要本质上是一种社会性的

---

① [美]宾克莱. 理想的冲突 [M]. 马元德,陈白澄,王太庆,吴永泉,等译. 北京:商务印书馆,1983:61.

② [苏]图加林诺夫. 马克思主义中的价值论 [M]. 马克思主义中的价值论 [M]. 齐友,王霁,安启念,译. 北京:中国人民大学出版社,1989:3-5.

需要，首先是指人的需要通过劳动得到满足并在社会化的劳动活动和交往活动中得到发展和丰富。在这种丰富和发展的过程中，一方面产生新的需要；另一方面，原来的自然需要也越来越注入社会性的内容，其自然性因素和色彩越来越退居到次要的地位。其次是指人的需要作为被意识到的需要，它们受到意识的调节，特别是它们得以满足的形式、顺序、程度，都受到社会文化和制度的影响。最后是指人的需要的社会性，还表现在它借助于社会文化的作用，既超越了生物物种的固有领域，又超越了自在的因果联系和功能作用的确定方式。①

人是受动性的存在，人总得依赖一定的环境而存在，总受着因果关系的制约，所以他的存在是受限制的、受制约的。但同时，需要不仅是"需"，而且是"要"，是意识到的并经过意识的作用而形成的，这又体现人是一种能动性、主动性的存在。

马克思恩格斯生态自然观所关注的是人所面对的自然界对于人自身的生存和发展具有何种价值以及如何实现这种价值，马克思指出，人本身就是人自身"在其现实性上，它是一切社会关系的总和。是这些社会关系、这些关系的性质，才使人成为他曾经所是的那个样子，成为现在的这个样子的。"② 这里马克思把自然界作为人类生存和发展的环境，作为与人类密切相关的生态系统，这就是说在价值论维度上所阐发的自然观实质是一种生态自然观。

在分析人与自然之间价值分离时，马克思认为对人与自然之间价值分离负主要责任的应该是人，而不是自然界。因此，人应该摆正自己在自然中的位置，尊重自然爱护自然。

4.4.1.2 生态价值讨论

生态问题的出现本质上是现代人类不合理地运用科学技术、对自己

---

① 马俊峰. 马克思主义价值理论研究 [M]. 北京：北京师范大学出版社，2012：41.
② 马克思恩格斯文集（第1卷）[M]. 北京：人民出版社，2009：505.

第4章 马克思恩格斯生态自然观的哲学审视

行为的长远影响缺乏预见的结果,为了直接的价值、眼前的价值而忽略间接的价值、长远的价值的结果。所谓生态价值,是指人们的行为及其结果对于维护生态平衡的意义,是以生态平衡作为一种尺度,来看待和衡量人类的许多行为的价值。积极地宣传生态意识,强调生态价值的重要性,这都是有意义的,也是非常必要的。①

按照马克思恩格斯生态自然观的理解,生态系统并不是一种纯自然的系统,它就是人的"无机的身体",维护生态平衡的需要,在本质上还是人维护自己的需要。人仍然是生态价值的主体,生态价值仍然是人的行为对于人自身的价值,只不过增加一个"生态环境"中介而已。自然界的生态系统由一系列的生物链组成,

生态价值是多种多样的,既有满足人类经济高速发展的资源价值,也有满足个人实现享乐的价值;既有满足其他生物种类繁衍的价值,还有满足地球一切生机动态平衡的价值。

自然是人的无机身体,其中蕴含的价值判断只有在人与自然的有机统一中,人对自身的关注才是人对自身存在的关注。人的本质是社会关系的总和,人对自然的价值眷注是自然的社会性价值,是自然在社会中的存在。一种社会系统能够保持人与自然的有机统一,才是合理的社会。合理的社会是人所控制的社会,而不是人被控制的社会,是人能够享受充分的自由和发展,而不是以牺牲人的自由和全面发展为代价。

马克思主义认为,生态资源是有价值的,这种价值同时也表现在价格上。马克思主义认为,生态资源的价值会在使用价值上体现出来。他指出:"自然界和劳动一样也是使用价值的源泉。"② 马克思主义认为,如果违背自然规律,对生态资源过度利用,则会导致"社会生产力的增

---

① 马俊峰.马克思主义价值理论研究[M].北京:北京师范大学出版社,2012:178.
② 马克思恩格斯全集(第19卷)[M].北京:人民出版社,1963:15

长仅仅补偿或甚至还补偿不了自然力的减少"。① 由此看来,马克思早就意识到,自然生产力遭到破坏,修复生态就要付出高额的成本,甚至会大大地超过破坏生态带来的经济增长。

价值问题本来就是人类实践和现实生活中所遭遇到的一个基本问题,是人们在处理人与自然的关系、人与人的关系以及人与自身的关系中无法逃避、必须面对的一个问题。马克思恩格斯生态价值理论坚持理论与实践相统一的原则,就是坚持从人类的实际生活出发,按照价值的本来面目及其产生情况来理解价值问题,用经验事实来讨论和论证人与自然的关系问题。正是贯彻了这个原则,马克思主义价值理论才表现出自己的优越性与彻底性,才可能解决一些非马克思主义价值理论无法解决的问题。

4.4.2 马克思恩格斯生态自然观唯物史观审视

唯物史观是关于社会历史的发展规律和"人的发展"的现实的"历史科学",历史规律的揭示使得历史观从"意识"转变为科学。马克思批评了旧的历史观。旧的历史观以历史之外来评价历史进程。马克思对唯物史观作出了简短的概括:"人们在自己生活的社会生产中发生一定的、必然的、不以他们的意志为转移的关系,即同他们的物质生产力的一定发展阶段相适合的生产关系。这些生产关系的总和构成社会的经济结构,即有法律的和政治的上层建筑竖立其上并有一定的社会意识形式与之相适应的现实基础。"②

4.4.2.1 社会的实践本质

社会的本质问题是马克思恩格斯唯物史观首先要解决的问题。在马克思主义哲学产生前,人们把人类社会自然化,归结到自然环境中。原

---

① 马克思恩格斯全集(第25卷)[M].北京:人民出版社,1974:864.
② 马克思恩格斯文集(第2卷)[M].北京:人民出版社,2009:591.

第4章 马克思恩格斯生态自然观的哲学审视

因在于人们不理解实践及其在社会中的地位和作用。马克思恩格斯生态自然观通过对人类实践活动在社会生活中作用的探讨,在人类哲学史上第一次科学地揭示了人类社会的本质。实践是社会关系的发源地,首先由人的自身活动引起,并调整和控制人与自然之间物质变换的过程。在实践中,人们不仅同自然界发生联系和关系,而且人与人之间也必然要结成一定的关系并互换活动,"只有以一定的方式共同活动和互相交换其活动,才能进行生产。为了进行生产,人们相互之间便发生一定的联系和关系;只有在这些社会联系和社会关系的范围内,才会有他们对自然界的影响,才会有生产"。显然,人与自然的关系和人与人的关系相互制约共生于生产实践中。同时,实践所得到的结果,在过程开始时就已经在行动者的头脑中作为目的并以观念的形式存在着,而这一目的又决定着人们活动的方式和方法。全部生活在本质上是实践的,马克思的这一论断把社会"当作实践去理解",从而阐明实践活动是人类社会的本质。①

唯物史观是以历史发展规律为对象的一般理论。唯物史观是对历史发展的基本规律的科学认识,而历史的规律就是人的实践活动。实践范畴是马克思唯物史观的重要内容。由马克思创立的马克思恩格斯生态自然观区别于旧哲学的显著标志,就是把实践作为社会历史发展的本质内容。人类通过实践活动,把自身从自然界中分化出来,创造了人类自身和人类社会,并把人类社会与自然界连接在一起,形成人类历史发展的整个过程。马克思在对人类实践活动的科学考察和分析基础上,说明了人类历史归根到底是实践活动的历史。

4.4.2.2 社会历史主体

社会历史主体是社会本质问题的深化与展开。"全部人类历史的第一

---

① 刘卓红,石德金. 早期西方马克思主义社会观 [M]. 北京:社会科学文献出版社,2011:54.

个前提无疑是有生命的个人的存在。"① 这些个人是从事现实活动的个人，是生活于现实的物质生活条件下的人，现实的个人活动构成了社会历史过程中的生产力、生产关系、经济基础、上层建筑等客观物质运动过程。列宁认为："区分为机械规律和化学规律的外部世界、自然界的规律，乃是人的有目的的活动的基础。人在自己的实践活动中要面向着客观世界，以它为转移，依赖着它，以它来规定自己的活动。"②

马克思对费尔巴哈的批判是，"当费尔巴哈是一个唯物主义者的时候，历史在他的视野之外，当他去探讨历史的时候，他不是一个唯物主义者。在他那里，唯物主义和历史是彼此完全脱离的。"③ 这充分肯定在唯物史观的视野中，自然随着人的实践和生存的历史性展开而具有历史性。人化自然作为"历史的产物"，是不能离开历史而存在的，马克思反对费尔巴哈以直观的方式谈论抽象的自然，抽象的自然可以先于人的存在和人类历史而存在，不是现实的和历史的自然界，因而对于费尔巴哈来说，这种自然是不存在的，它对于人类历史来说也不存在。在科学的唯物史观的引导下，人与自然呈现出历史性统一。马克思谈到人类史与自然史的统一时认为，人的历史就是人的自然史，也把自然引入人类历史的总体进程之中，体现了人类社会的历史总是离不开人与自然关系的历史。

人与自然的历史性统一呈现为人产生于自然界，在生产力低下的历史阶段，人与自然浑然一体；人与自然的现代性分离表现为，人开始走向自然界的对立面，奴役自然；人与自然的重新统一，是在人的本性的复归中自然界真正复活。人与自然关系的历史辩证法既是人的历史生存的自然之境，也是自然的历史性存在的人化根源。在唯物史观问题上，

---

① 马克思恩格斯选集（第1卷）[M]. 北京：人民出版社，1995：67.
② 列宁. 黑格尔《逻辑学》一书摘要 [M]. 北京：人民出版社，1971：20.
③ 马克思恩格斯选集（第1卷）[M]. 北京：人民出版社，1995：78.

第4章 马克思恩格斯生态自然观的哲学审视

世界有两种主要关系：人与人的社会关系，人与自然的生态关系；这两种关系的矛盾、对立和冲突是世界的基本问题。而马克思恩格斯生态自然观的独特贡献在于他们在别人只看见人与物（自然）关系的地方看到了人与人的社会关系，认为人与自然的"照面"实际上就是与别人的"相遇"，人与自然的关系状况反映和折射的正是人与人之间的物质利益。

4.4.2.3 人类社会发展进程

在自然过程中起作用的完全是盲目的、不自觉的自然力量，而社会历史则离不开人，或者说自然规律和社会规律区别的首要标志就是规律的实现是否需要人的参与。人类社会历史发展进程与自然界的变化形成区别。

马克思恩格斯生态自然观认为，自然历史过程是指社会同自然界一样，是客观的物质系统，是不以人的主观意志为转移的客观存在。社会同自然界一样，是由其内部基本矛盾推动，是物质的、客观的、合乎规律的辩证发展过程，人有意识的活动尽管可以加快或减缓社会历史的进程，但总会受到社会现实条件及其规律的限制，实践的结果总是会以"历史合力"的状况出现，任何人、社会集团都无法改变历史承接的总趋势和过程。在承认社会历史发展具有客观必然性的另一面，也不否认人在社会发展中的主体能动选择性，从根本上说，社会是处于更高层次上的物质运动。社会规律离不开人的实践活动，本身就是人的活动规律，是反映主客观的全面关系的规律，是不能离开人的主观意识独立存在和发生作用的规律。在历史唯物主义看来，对社会历史发展的客观规律的认识和揭示，正是为了给作为历史主体的人的选择活动开辟空间，使人的主体性能得到更自由、更充分的发挥，从而能以日益合乎客观规律的活动，更加自觉地创造自己的历史。马克思恩格斯通过唯物史观对社会基本矛盾进行揭示：资本的本性是追逐利润，资本本性的自我实现必须通过劳动掠夺自然才能体现出来，资本的这种自我实现带动了人类的现代发展，带动了社会形态的历史转换。

最后还有一点不能忽视的是，从唯物史观来看人类的生活、生产等实践方式既要体现人的全面性特点，又要体现人与自然的完美结合。按照马克思恩格斯生态自然观的美学思想，人化的自然应该是人的性格、智慧和生命冲创的物化与结晶，应该体现人的伟大与自然美的完美结合。人类的实践活动要按照自然本真的状态、按照自然美的规律去改造自然，人化自然的过程应是美化自然的过程。若我们在处理人与自然的关系时认识不到这点，就很有可能使人化了的自然以不符合人性甚至以有害于人性的方式同人发生关系，现在随处可见的浑浊的空气、被垃圾包围的城市、被污染的河流、日渐荒芜的山川等就是典型的例证，这些东西不仅无论如何不能算是美的，它们也是人类自身行为耻辱的一种表征。因此，我们必须以马克思恩格斯生态自然观的美学思想为指导，努力实现人与自然的完美结合。

4.5 小　结

通过从本体论、认识论、存在论、价值观和唯物史观哲学视角分析得出：马克思恩格斯以强烈的前瞻意识，从宏观的角度对各种关系作整体的科学的认识，从历史的角度强调自然的优先性，从认识论角度探求实践对认识自然世界的作用与意义，从人类生存的角度启发我们将视野转向我们生存的世界，以及从价值观和唯物史观的角度深刻地预见了随着人与自然关系发展所带来的一系列人与自然，生态与社会的问题，既唯物又辩证地阐明了人与自然双向依赖和双重建构的对立统一关系，提出了争取人类进步和环境发展双赢的策略，从社会关系和制度保证等方面揭示了合理地调节人与自然的物质变换，促使生态与环境优化的途径和方法。

第 5 章 马克思恩格斯生态自然观与西方生态思想之比对

对马克思恩格斯生态自然观进行当代阐释，必不能离开当代西方的生态语境而孤芳自赏，这一语境提供了话语表达，更提供关注现实生态问题的理论平台。因此，当马克思恩格斯生态自然观遭遇到西方生态思想，这是一种对话式的遭遇，是伦理批判与历史批判的视域对话。本章将通过对西方马克思主义者，特别是对以葛兰西、柯尔施、卢卡奇等为代表的早期西方马克思主义，及以莱斯、阿格尔、高兹、奥康纳、福斯特等为代表的生态学马克思主义的解构与分析，深刻理解马克思恩格斯生态自然观在现代西方的历史命运和地位。

5.1 早期西方马克思主义生态自然观研究

"与马克思一道超越马克思"，这是西方马克思主义最显著的特征。早期的西方马克思主义者根据时代发展的要求，提出了重新理解马克思并"修正""补充"马克思恩格斯理论的主张，在"重新解释"马克思主义的道路上迈出重要的一步。他们在对马克思恩格斯自然观的解释和拓展的基础上，形成了自己系统的自然观。西方学术界是以"马克思主义与生态危机""马克思主义与自然""马克思主义与生态学"等一系列的形式提出马克思生态自然观的。将之归结到一点，其实质就是生态自然观是否存在于马克思恩格斯理论之中。西方马克思主义对马克思恩格斯生态自然观的理解对生态学马克思主义自然观的形成具有极为重要的意义。

5.1.1 卢卡奇著名的"物化意识"与"三种自然"

西方早期马克思主义理论家,如卢卡奇、柯尔施、葛兰西等努力研究并发展了马克思主义理论。在二十世纪二十年代,西方马克思主义作为一种国际性的学术思潮出现在大众视野,并在五六十年代达到高潮。他们不但通过发展和超越马克思来揭露当时资本主义社会的种种弊端,而且通过对马克思恩格斯的重塑,让马克思主义辩证法地位重新得到确认,马克思恩格斯的价值诉求和伟大理想重新得以体现。这其中以卢卡奇对马克思自然观的解释最为著名。他是公认的西方马克思主义创始人,他以解读和研究马克思恩格斯而蜚声整个国际哲学界。卢卡奇在《历史与阶级意识》与《关于社会存在的本体论》这两部著作中系统研究了马克思恩格斯的自然观,并在此基础上确立了西方马克思主义自然观的核心观点。

5.1.1.1 "物化意识"

"物化意识"是卢卡奇早期理论建构的核心话语,所谓物化,用卢卡奇自己的话说就是:"人自己的活动,人自己的劳动,作为某种客观的东西,某种不依赖于人的东西,某种通过异于人的自律性来控制人的东西,同人相对立。"[①] 从客观上来看,物化是指人在从事各种活动中产生的一种"非人化"和"自律化"的东西,人在经济活动中所产生的商品以及商品交换关系,具有相对独立性,不是一种属人的存在,成了某种与人相对立的"非人"的存在。卢卡奇在这里的物不是指先于人而存在,

---

① [匈]卢卡奇.历史与阶级意识[M].杜章智,任立,燕宏远,译.北京:商务印书馆,1992:147

第5章 马克思恩格斯生态自然观与西方生态思想之比对

与人无涉的纯粹的自然物,而是指经过人类"中介"过的"人化自然物"。它们本来是在人类活动中产生的,体现并展示着人的能动性,确立人的本质。然而一旦它们相互之间有了联系就获得了一种超脱于人的相对独立的属性。

卢卡奇对"物化意识"的批判没有停止在对资产阶级的解剖上,他自己提出的任务是通过对深入研究马克思主义,构建和重塑马克思主义,并在此基础上批判了第二国际修正主义的庸俗的马克思主义。庸俗马克思主义者在社会历史与自然的关系上强调自然,把人类社会历史归属于自然,把社会事实等与自然规律画上等号,进而把马克思恩格斯看成是"以经验为基础的科学"。奥地利马克思主义者弗·阿德勒认为马克思主义唯物史观需要用马赫的自然观来补充。对卢卡奇进行批判,他认为马克思主义哲学的世界观功能不仅在理论上被否定了,甚至沦为自然科学的附属品,而且人的主体性和价值在实践上被贬低了,人不仅对自然界缺乏主动性,还成了自然界的奴隶。庸俗马克思主义者把社会看作是属于自然范畴,与之相对应卢卡奇把自然的理解归属在社会范畴之内,他指出:"自然是一个社会范畴。这就是说,在社会发展的一定阶段上什么被看作是自然,这种自然同人的关系是怎样的,而且人对自然的阐明又是以何种形式进行的,因此按照形式和内容、范围和对象性应意味着什么,这一切始终是受社会制约的。"① 卢卡奇认为,在任何一个社会中,一个人所直接面对的自然只能从社会的经济结构出发才是可以理解的和有价值的,自然的演化史实际上是"自然界的界限"不断退缩,社会经济不断扩张的历史,离开了人和社会的自然只是一个理论上的假设。认为社会是:带有特殊规律的自然界的特殊成分,而这些规律,如果愿意的话,可以称为自然规律。在卢卡奇看来,这样把历史归结为自然,把

---

① [匈]卢卡奇. 历史与阶级意识[M]. 杜章智,任立,燕宏远,译. 北京:商务印书馆,1992:318.

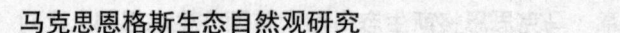

自然规律作为普遍的因果法则纳入社会，支配社会，没有充分地估计到主观因素和能动性的作用。卢卡奇对社会与自然的理论不但与马克思的"人化自然"理论精神相吻合，而且同恩格斯对自然主义历史观的批判态度是一致的。①

5.1.1.2 "三种自然"的提出

卢卡奇认为，资本主义时代的到来，一方面，人类力量不断的强大，自然界深深地被人类征服，并且不断印证着人类的力量，不断超越着自然界，而成了自然界的主人；但另一方面，人类在现实中所创造的以自然形式树立了新的社会关系——"第二自然"，即以自然形式出现的社会关系。这种人类创造出来的新型关系作为一种"产品"的形式人化地表现出来，却相对于人来讲具有了主动性，像从前的"第一自然"一样将人变成客体而统治起来。人类刚从"第一自然"（自然界）中得以解放，很快"第二自然"（即以自然形式出现的社会关系）又重新替代了"第一自然"先前的地位。

在其被誉为西方马克思主义"圣经"的《历史与阶级意识》一书中，卢卡奇提出："自然是一个社会范畴"的观点，并在施密特的"两种自然"中间又增加了一种自然。提出了"三种自然"：第一种自然是与人为结构相对立的"现代数学科学的自然"；第二种自然是由社会所造成的"毁灭人性的自然"；第三种自然才是能体现出"真正的人性"的自然，这也就是卢卡奇的历史-自然观。② 这表明卢卡奇已经意识到自然界的人化必然具有一个历史发展过程：抽象的自然并不能直接"物化"为人化的自然，两者之间必须有一个"异化"自然作为过渡阶段。人化自然和异化自然都是劳动的产物，唯有抽象的自然是例外，它是与人分

---

① 王晓升. 西方马克思主义意识形态理论[M]. 北京：社会科学文献出版社，2009：28.

② [匈]卢卡奇. 历史与阶级意识[M]. 张西平，译. 重庆：重庆出版社，1989：152-153

第5章 马克思恩格斯生态自然观与西方生态思想之比对

离的"客观的自然",与其说这是人赖以生存的自然界,还不如说是动物和原始人共同生活过的自然界(马克思认为,动物不对自然界发生"关系",它们服从自然界,原始人也是如此)。于是,上述的三种自然概念相对应的也有三种劳动:"动物式的本能的劳动形式""异化劳动"和"真正自由的劳动"。① 这三种劳动形式恰好反映出人类劳动本身的历史发展过程。

卢卡奇在《关于社会存在的本体论》书中,对"劳动"概念作出了明确的解释,提出了"劳动是人(社会)与自然之间的相互关系"的思想。他认为,人的本质是劳动,"劳动是人(社会)与自然之间的关系,而且这里的自然既包括无机界(工具、原材料、劳动对象等),也包括有机界"。② 在这里劳动被卢卡奇视作是一种人与自然、主体与客体相互作用的过程。卢卡奇进而又指出,存在分为三种,即无机界、有机界和人类社会,无机界和有机界合起来构成自然界。同时又因为自然预先存在,是社会存在的前提和基础,而人是社会化的人,因而人也是自然界的产物,是自然界的一部分。在卢卡奇看来只有在劳动中,才能体现出人与自然的关系所属和人对自然改造的社会性,实现"人的人性化和自然的社会化"同时进行。可见,通过"劳动"这一概念,卢卡奇解释了人与自然的相互关系,承认了自然的优先性。卢卡奇对于人与自然关系理论的理解打破了对马克思主义中教条主义解释的束缚,开拓了"人化自然"和"自然的社会化"的新思路,具有积极的时代意义。

5.1.2 施密特"非本体论"与"被社会中介的自然"

联邦德国哲学家 A. 施密特(Alfred Schmidt)是霍克海默和阿多诺的学生,从事哲学和社会学研究。他于1960年获博士学位,博士论文题

---

① 马克思恩格斯全集(第46卷)下[M]. 北京:人民出版社,1980:113.
② [匈]卢卡奇. 关于社会存在的本体论[M]. 白锡堃,等译. 重庆:重庆出版社,1991:192.

目为《马克思的自然概念》。他并不认为自己是生态学马克思主义者,甚至后来除了福斯特其他的生态学马克思主义者极少提及施密特。然而,正是施密特以《资本论》《德意志意识形态》为依据,在《马克思的自然概念》中解读了马克思恩格斯自然观的社会历史特征和社会实践特征,从而建立和形成了西方马克思主义自然观的基本理论框架。

5.1.2.1 非本体论的唯物主义

施密特在对马克思主义自然概念的解读时是从马克思唯物主义的性质着手的。施密特论证了马克思唯物主义的非本体论性质。在施密特看来,对马克思唯物主义的理解从本体论的角度去看是无从下手的。对施密特来说,具有方法论意义的马克思唯物主义需要从其性质的判断来了解。这种判断被施密特作出后产生了两方面效果:一方面能把马克思的唯物主义纳入唯物主义哲学史,不仅可以从本质上把马克思的唯物主义同哲学唯物主义区分开,还能注意到马克思的唯物主义与古代唯物主义的思想的联系,从而勾画出与恩格斯的唯物主义也大异的马克思唯物主义的本质;另一方面施密特这样做能使他从理论上排除探讨"物质"本体或者自然本体、自然主体诸如此类可能导向形而上学和独断论的主题的可能性,从而一以贯之地阐述他的"自然与社会相互渗透的主要状况,而两者的互相渗透是在自然作为包含这两个要素的实在之内部演进的这样主题"。①

为什么说不能从本体论上理解马克思的唯物史观呢?施密特对《神圣家族》中马克思对黑格尔体系的一般特征的阐述作出了引述并说明马克思恩格斯强调中介而排斥本体论。引述如下:"在黑格尔体系中有三个因素:斯宾诺莎的实体、费希特的自我意识以及前两个因素在黑格尔那里必然的矛盾的统一,即绝对精神。第一个因素是形而上学地改装了的

---

① [德] 施密特. 马克思的自然概念 [M]. 吴仲昉, 译. 北京: 商务印书馆, 1988: 3.

第5章 马克思恩格斯生态自然观与西方生态思想之比对

脱离人的自然。第二个因素是形而上学地改装了的脱离自然的精神。第三个因素是形而上学地改装了的以上两个因素的统一，即现实的人与现实的人类。"① 在施密特认为，马克思强调自然、精神、现实的人与现实的人类的矛盾的统一，三者并驾齐驱或者说互为中介的，因此，没必要去建构本体论。

哲学唯物主义的主张是：人类生活的生产和再生产的方式是决定社会历史前进的根本因素；在施密特看来，唯物主义的发展是随着历史的进程和人类视野的开阔而不断变化的，表现在唯物主义所研究的方法、它所关注的特殊兴趣，以及它的内容特征等方面。② 不能在唯物主义的历史中找到统一的东西，也不可能发现唯物主义历史内在发展的线索。唯物主义传统的研究对象、方法和内容是受历史制约的，并随着它们在社会的机能与生成中被把握的程度而退后。③

具有非本体论性质的"马克思的唯物主义，首先关心从这个世界上消除饥饿和痛苦的可能性问题"。④ 施密特认为，这种目标具有现实性的理论，是不需要形而上学的"终极的原理"的。施密特将马克思主义理论定位在非本体论性质后就拒绝用新形态的本体论去寻找问题之源的"终极原理"，新唯物主义作为批判的唯物主义拒绝进行纯粹的哲学思辨，将其理论研究的重点放置于特定的、现实的、社会性的历史任务中。新唯物主义的思想结构是有限的人的思想结构，是从特定的社会历史任务中产生的；唯物主义的理论既是最精致的文化形态，又构造它的各种社

---

① [德] 施密特. 马克思的自然概念 [M]. 吴仲昉，译. 北京：商务印书馆，1988：20.

② [德] 施密特. 马克思的自然概念 [M]. 吴仲昉，译. 北京：商务印书馆，1988：21.

③ 郭剑仁. 生态地批判——福斯特的生态学马克思主义思想研究 [M]. 北京：人民出版社，2008：224.

④ [德] 施密特. 马克思的自然概念 [M]. 吴仲昉，译. 北京：商务印书馆，1988：31.

会条件。

5.1.2.2 被社会中介的自然概念

施密特认为,"马克思主义也是一种自然理论",强调自然作为客观存在物的意义只能在社会实践对自然发生作用时得以体现。他写道:"把马克思的自然概念从一开始同其他种种自然观区别开来的东西,是马克思自然概念的社会——历史性质。马克思认为'自然是一切劳动资源和劳动对象的第一源泉',就是说,他把自然看成是从最初起就是和人的运动相关联的。他有关的自然的其他一切言论,都是思辨的、认识论的或自然科学的,都已是以人对自然进行工艺学的、经济的占有之方式总体为前提的,即以社会的实践为前提的。"[①] 不可否认,作为对马克思的自然概念的理解和阐述,这个观点是有其正确的一面的。特别是施密特认为人与自然之间的"中介"并不是单向的,而是相互性的互为"中介",自然为社会所中介,同样社会也为自然中介。他对人与自然"互相渗透"这个观点的提出,可谓真正理解了马克思辩证法的意义。然而,他又强调"在马克思看来""不存在作为自然科学认识对象的完全不受历史影响的纯粹的自然"。[②] 这并不符合事实。一方面,"完全不受历史影响的纯粹自然"只存在于自然科学研究的对象之中,这也是自然科学要求"纯化对象"的理想对象。另一方面,马克思对"纯粹自然"的存在并不否认,比如他承认过"先于人类历史而存在的自然界",还承认过有些劳动资料是"天然存在的,不是自然物质和人类劳动的结合"等。[③]

施密特是在他那个时代较早的系统研究马克思的自然概念的学者之一,但是对于马克思的自然概念中的人化的确切含义他没有深入研究过,

---

① [德]施密特. 马克思的自然概念 [M]. 吴仲昉,译. 北京:商务印书馆,1988:3.

② [德]施密特. 马克思的自然概念 [M]. 吴仲昉,译. 北京:商务印书馆,1988:43.

③ 马克思恩格斯全集(第23卷)[M]. 北京:人民出版社,1979:208.

第5章 马克思恩格斯生态自然观与西方生态思想之比对

他曾写道:"如同还未被人所渗透的自然物质,在其原始的直接性和人对立一样,劳动产品、劳动加上自然物质而构成的使用价值的世界——人化的自然———一旦作为客观的东西,作为不依赖于人而存在的东西,就和人相对立。"① 显然,他把"劳动产品"或"使用价值的世界"与"人化的自然"画上等号。他还把"为被人所渗透的自然物质"称作为"第一自然",于是"人为的自然物质"就成了"第二自然",人化自然是第二自然。第二自然固然是人在第一自然的基础上进行加工的产物,是人的物化,是人的本质的对象化,但是在某种历史条件下失去人的本质,第二自然反而被"非人化"了。尤其是在资本主义社会中,劳动产品不属于劳动者所有,相反劳动者却受自己产品的统治。与其说是"人化的自然",还不如说"异化的自然"更为恰当。因为人化的自然不仅是人工创造的,而且还合乎人性。绝对不是"和人对立的",而应当是与人相融合而成为人的无机的身体。马克思恩格斯也承认在劳动者本人的消费中"生产者所创造的物人化"。只是这种"人化"相当有限,在劳动产品总量中所占份额相当有限。

施密特认为,劳动中劳动力是自然物质,是"劳动中所不能消灭的基质"。② 劳动中的工具和对象当然也是不能消灭的自然物质。"人类生产力作为知识的以及实践的东西,由于给自然物质打上了自己的烙印,因而与其说否定了不依赖于意识的自然物质的存在,不如说完全确证了它的存在。被人加工过的自然物质,依然是感性世界的构成要素。"③ 施密特承认卢卡奇提出的"一切关于自然的意识以及展现这样的自然本身是受历史、社会所制约的"。但他认为,在卢卡奇笔下这种自然与社会作

---

① [德] 施密特. 马克思的自然概念 [M]. 吴仲昉, 译. 北京: 商务印书馆, 1988: 63.
② [德] 施密特. 马克思的自然概念 [M]. 吴仲昉, 译. 北京: 商务印书馆, 1988: 61.
③ [德] 施密特. 马克思的自然概念 [M]. 吴仲昉, 译. 北京: 商务印书馆, 1988: 63.

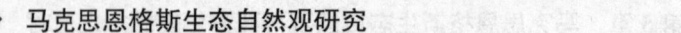

用仅仅是单向度的，在马克思那里却是双向的相互作用："自然不仅是一个社会的范畴，从自然的形式、内容、范围以及对象性来看，自然绝不可能完全被消融到对它进行占有的历史过程里。如果自然是一个社会的范畴，那么社会同时是一个自然的范畴，这个逆命题也是正确的。"① 施密特对马克思的解读有生态学倾向。

施密特进一步强调，在马克思看来，自然被社会中介，社会也被自然中介。如同一切自然被社会所中介一样，反过来，社会作为整个现实的构成要素，也被自然所中介。这种联系是马克思所隐含着的自然思辨的特征。自然对于人们来说是疏远的、外在的东西，而人的活动对于自然来说也可以看成同样是疏远的、外在的东西。显然，人的生存构成自然的片段，而人的活动自身是人的生存的自然条件，因而是自然的自身运动。② 理解"中介了自然的社会是自然的一个要素"是理解这段引述的前提。

施密特对马克思的生态学挖掘还体现在"社会存在向自然物质的退化"和"人与自然的物质变换"的观点中。施密特对于人与自然的物质变换理论的建构，也凸显了其生态学意义。在施密特看来，人与自然的物质变换是马克思在晚期经济学分析中形成的区别于《1844年经济学哲学手稿》并接近自然科学的概念。因为，这种物质变换受自然规律所支配，自然物质的一切形式必须遵循物质固有的规律性。③ 马克思强调说人为了再生产自己的生命，必须把自己置身于和自然不断进行物质变换中。施密特进一步指出，成熟时期的马克思常用"形态"概念来强调自然物质的自身规定性。

---

① [德] 施密特. 马克思的自然概念 [M]. 吴仲昉, 译. 北京：商务印书馆, 1988：67.
② [德] 施密特. 马克思的自然概念 [M]. 吴仲昉, 译. 北京：商务印书馆, 1988：60.
③ [德] 施密特. 马克思的自然概念 [M]. 吴仲昉, 译. 北京：商务印书馆, 1988：75.

总之，从某种意义上说，施密特的确把握了马克思恩格斯自然观的精髓，讨论了马克思恩格斯对未来社会或资本主义社会以后的人与自然关系的论述。施密特依据他梳理的马克思关于人与自然的非同一原则，阐发了他对马克思的自由王国与必然王国的关系的理解。

5.2 "生态学马克思主义"内容与特点

"生态学马克思主义"（Ecological Marxism）产生于二十世纪六十年代，是西方马克思主义重要的新兴流派之一，也是西方马克思主义的一个活跃的生长点。其出发点是用生态学理论补充马克思主义，构建一种新型的人与自然和谐发展的社会主义模式。

5.2.1 生态学马克思主义产生的理论背景

生态学马克思主义的产生与发展并非偶然，而是具有深刻的社会历史背景。

5.2.1.1 西方资本主义国家的工业文明与全球性生态危机

"生态学马克思主义"的产生与发展与西方资本主义国家的社会政治发展有着直接的关系。西方资本主义国家的工业文明在创造了高度发达的物质文明的同时，造成了日益严重的环境问题和生态危机。为寻求解决生态危机的途径，一些西方思想家将生态问题与马克思主义、社会主义结合起来进行思考，在对人与自然的关系进行深刻反思和对资本主义工业文明理性批判的基础上，突出了"生态学马克思主义"。二十世纪以来，随着科学技术的迅猛发展，发达国家创造了空前规模的物质文明。然而，就在人们尽情享受这些文明成果时，环境污染、生态失衡等问题接踵而至，给人们的日常生活，甚至生存带来了巨大威胁。1930年12月，比利时发生了马斯河谷烟雾事件；1943年5-10月，美国洛杉矶发生了光化学烟雾事件；1948年10月，美国发生了多诺拉烟雾事件；1952

年10月，英国发生了伦敦雾事件；1953年，日本九州岛南部发生水俣事件；1955—1972年3月，日本富山县发生了骨痛病事件；1961年，日本四日市发生哮喘病事件；1968年，日本九州岛爱知县发生了米糠事件，这就是震惊世界的"八大公害事件"。与此同时，工业全球化的进程加速，环境问题也从区域性环境污染扩展为全球性的环境危机。

5.2.1.2 生态运动与绿色政治的频繁爆发

二十世纪六十年代，随着环境公害事件的发生，环境问题成为社会问题。为寻求良好的环境与健康的生活，西方发达国家的广大群众掀起了生态运动。面对各阶层群众广泛的绿色抗议，许多国家的政府开始重视环境问题，相继设立国家级的环境管理机构，制定和实行保护环境和控制污染的法律，将生态环境问题纳入国家治理结构。在绿色政治学中，社会问题和生态问题总是联系在一起。正像德国绿党在他们的联盟纲领中所指出的，"生态和社会领域共属于一个不可分割的领域，自然界的组织无论如何都是与人类的组织联系在一起的。"①

二十世纪七十年代末，绿党的出现是当时绿色政治兴起的重要标志。绿党成立于新西兰，随后在欧美许多国家成立。之所以称为"绿党"，一方面因为"绿"字代表生命、自然、和谐、和平，在此意义上也称为"生态党"；另一方面，为了表示"绿党"即不同于"白党"或"黑党"，因为这些政党宣称自己既不站在左派也不站在右派，而是在"正前方"，在这个意义上，绿党也可以称作"第三条道路党"。绿党以生态环境为中心，从政治观念、组织结构等方面进行创新，建立了一种倡导人与自然之间和谐关系的新型政党，提出了一种全新的绿色政治学。

5.2.1.3 传统社会主义模式的弊端与西方马克思主义的反思

二十世纪八十年代以来，传统的社会主义模式在社会主义实践中暴

---

① [美] 弗·卡普拉，查·斯普雷纳克. 绿色政治——全球的希望 [M]. 石音，译. 北京：东方出版社，1988：68.

露出许多的弊端。面对新的现实，西方马克思主义者对马克思主义和社会主义从理论和时间两个层面重新开始思考，并提出生态社会主义的构想。

1989—1991年，西方马克思主义针对苏联的现实与马克思社会主义理想进行比较，阐明苏联片面追求经济增长，忽视人与自然关系问题的发展模式。对苏东社会主义模式的反思以及社会主义发展道路的探索，导致了一些人对苏东社会主义模式产生怀疑，甚至否定。在这场讨论中诞生了生态学马克思主义。生态马克思主义因其对人类日益恶化的生态环境的深切关注和对社会主义的独到见解而受到重视。

5.2.2 生态学马克思主义理论主张

生态学马克思主义同其他理论形成一样经历了一段不断完善的过程。大致经历三个时期：二十世纪七十年代是生态学马克思主义蓬勃发展的时期，经过八十年代的发展，到九十年代走向成熟和完善。波兰的哲学人文学派的主要代表人物沙夫是真正意义的第一个生态学马克思主义者。[1]

5.2.2.1 二十世纪七十年代理论主张

二十世纪七十年代的生态学马克思主义还没有从生态运动中分化出来，有人称那个时代为"万绿丛中一点红"。这一时期生态学马克思主义的主要代表人物及其代表作有：威廉·莱斯的《自然的控制》和《满足的极限》，本·阿格尔的《论幸福和被毁灭的生活》和《西方马克思主义概论》，安德烈·高兹的《作为政治学的生态学》，豪沃德·帕森斯的《马克思主义论生态学》等。这一时期，生态学马克思主义从不同角度探讨生态危机的产生原因及解决方法。他们认为当代资本主义的危机从本

---

[1] 俞吾金，陈学明. 国外马克思主义哲学流派新编（西方马克思主义卷）[M]. 上海：复旦大学出版社，2002：576.

质上说就是生态危机，并把生态危机的根源归于科学技术、工业化、人的自私品行和控制自然的传统观念。

莱斯赞同对马克思异化理论的继承，在批判资本主义的异化消费现象的研究中发现，生态危机的主要源于异化消费，预言社会革命的导火线将出现在消费领域而不是生产领域。

阿格尔指出，马克思本人的资本主义危机理论已经失效了，原因不在于资本主义危机不存在了，而是资本主义危机发生了变化。因为，在当代资本主义社会，危机的趋势已经转移到消费领域，即生态危机成为资本主义的主要危机。并提出"期望破灭了的辩证法（the dialectic of shattered expectations）"的社会变革方案，认为消灭异化消费是解决生态问题的根本方法，并用"异化消费"的理论去补充马克思主义。"历史的变化已经使原本马克思关于只属于工业资本主义生产领域的危机理论失去效用。今天，危机的趋势已经转到消费领域，即生态危机取代了经济危机。"之所以说当代资本主义的经济危机已经被生态危机所取代，究其原因在于资本主义世界在其科技引擎的强力推动下，造成两个相当严重的问题，即过度生产和过度消费，并且其中马克思主义者认为的异化劳动所造成的痛苦由过度消费弥补了。在二十世纪九十年代以后，生态马克思主义者们发现了全球性生态危机的根源在于资本主义制度及其生产方式，并且提出当代资本主义的主要矛盾就是生态矛盾，生态危机已经成为主要危机，进而批判发达国家在解决自身矛盾过程中将生态危机不断转嫁给发展中国家。

高兹指出，资本主义的利润动机是造成生态危机的直接原因，资本主义的利润动机其实质就是资本主义生产方式的直接表现形式。"资本主义的劳动分工是一切异化的根源。"[①] 他认为资本主义科技发展的历史可

---

① [美]阿格尔. 西方马克思主义概论[M]. 慎之，等译. 北京：中国人民大学出版社，1991：486.

第5章 马克思恩格斯生态自然观与西方生态思想之比对

以说就是从事直接生产者的地位下降的历史,科学技术在这里也变成一个负面因素成为造成资本主义社会异化的重要元凶之一。

佩柏认为应该从资本主义生产力和生产关系的角度去寻找生态危机的原因,指出资本主义社会本身不可能解决生态矛盾。

这一时期的生态学马克思主义,继续认真而深入地研究马克思主义,继承了其优秀的理论成果,并且致力于马克思主义与生态学的融合,把马克思主义异化理论和生态危机结合起来,试图寻找一条能吸引人民广泛参与的生态革命道路。

5.2.2.2 二十世纪八九十年代理论主张

二十世纪八十年代末到九十年代,是生态运动蓬勃发展的时期,苏联、东欧等一批社会主义国家演变为资本主义国家,使人们对现实社会主义社会的希望破灭了。"生态学马克思主义"力量在西方马克思主义的日益"绿化"过程中也逐渐强大了,提高了其在生态运动中的地位。其中具有代表性的理论著作有:高兹的《资本主义、社会主义和生态学》、佩柏的《生态社会主义:从深生态学到社会正义》、奥康纳的《自然的理由:生态学马克思主义研究》、福斯特的《马克思的生态学:唯物主义与自然》等。其中美国学者詹姆斯·奥康纳的《自然的理由》和约翰·贝拉米·福斯特的《马克思的生态学:唯物主义与自然》是当代西方生态马克思主义研究中最有影响力的专著。这一时期对生态危机根源的分析更深刻,对资本主义的批判更尖锐系统,不但反对将生态危机的原因归结于科学技术,而且反对把生态危机的根源归于资本家个人的贪婪或消费者的异化消费。

奥康纳在论著中以马克思主义基本理论和观点为基础充分分析了资本主义生态危机产生的根源,提出了资本主义的双重矛盾和危机。奥康纳采纳了生态学马克思主义的生态危机理论和异化消费理论,进而提出了一个非常有价值的理论成果,即资本主义生产的无限性同资本主义生产条件有限性之间的矛盾。奥康纳将马克思恩格斯关于资本主义的基本矛盾的理论进行了概括，把它看作为第一类矛盾，而把资本主义生产的无限性与资本主义生产条件的有限性之间的矛盾归纳为第二类矛盾，两类矛盾在相互作用的过程中共同依存于资本主义全球化的体系中，导致了资本主义的双重危机——经济危机和生态危机①。

佩柏认为寻找生态危机的根源应从资本主义制度本身入手。反对将资本主义社会中人与自然的矛盾等同于社会矛盾，甚至是凌驾于社会矛盾之上，其明确指出，造成生态危机的原因不是对自然的控制，而是对待自然的错误方式所引起的。资本主义的生产方式所产生的作用在佩柏的理论中被重新梳理了，其剥削与被剥削的关系不仅存在于资本主义社会中人与人之间，同样也存在于人类与自然之间，即资本主义对自然的剥夺也属于资本主义剥削的一部分。他强调资本主义生态矛盾的存在，使所谓"绿色"资本主义成为不可能。"资本主义的生态矛盾使可持续发展、'绿色'资本主义成了一种不可能实现的梦想，从而成为一种自欺欺人的骗局。"②

福斯特认为，人与自然关系问题已经成为大多数生态学家关注的主题，并且出现了大量生态学理论方面的专著，而这也同样是马克思的唯物主义所关注的内容。他系统研究了马克思的辩证唯物主义观和历史唯物主义观，梳理总结了马克思的生态学中关于人与自然的理论主张。关于自然与社会，福斯特阐述了马克思关于社会和自然之间的关系出现恶化的生态学分析，并且在其著作《马克思的生态学》中专门用"自然和社会的新陈代谢"来解释。他研究了马克思关于工业资本主义财富积累的来源的分析：一是自然界，特别是土地所有权问题，解释了资本主义原始积累的第一步就是对土地的剥夺；二是工人阶级的劳动，说明资本

---

① [美]詹姆斯·奥康纳. 自然的理由：生态学马克思主义研究[M]. 唐正东，臧佩洪，译. 南京：南京大学出版社，2003：440.

② David Pepper. *Eco-Socialism: From Deep Ecology to Social Justice* [M]. New York: Routledge, 1993: 95.

第5章 马克思恩格斯生态自然观与西方生态思想之比对

主义通过工人阶级的劳动积累了资本主义财富，资本主义对劳动的剥削形成劳动的异化，造成了资本主义社会贫富差距的扩大和对立，打破了社会内部的物质循环或者代谢的正常运行。因此自然与社会组成的生态系统也被破坏了。①

高兹把生态危机归结为资本主义生产的利润动机。资本主义的生产把降低成本看得比保护环境还重要，这必将引起生态问题。他分析了资本主义生产中不可或缺的三个条件："（1）到目前为止，自然资源被认为是没有价值的并被当作免费的货物对待，因为他们不需要再生产；（2）生产资料即固定资本，它们最终将成为过时的，并且因而必须被效率更高的生产资料所代替，以便给公司代理超过竞争者的利益；（3）劳动力，它必须再生产。"② 在高兹看来，任何企业都追逐着利润的最大化，也就意味着对自然资源控制的无限需求，对增加投资的无限渴望，不断努力让自己作为强者存在于世界市场上。

5.2.3 生态学马克思主义理论特点

生态学马克思主义既是一个研究潜力的生长点，也是学者们探索马克思主义生态自然观的理论基础。在既继承又批判马克思主义的基础上，同当代的生态学研究结合起来，试图为现代新人类展现出一种全新的特色理论——生态学（绿）与马克思主义（红）。人类走到今天，在生态危机日益严峻的现实面前，生态学马克思主义受到越来越多的马克思主义学者关注。

生态学马克思主义在继承马克思主义批判方法和精神的基础上，分析资本主义社会生产力、生产方式以及资本主义社会所面临的日趋严重的生态问题，并将资本主义生态危机直接归因于资本主义生产方式的内

---

① J. B. Foster. *Marx's Ecology* [M]. New York：Monthly Review Press, 2000：168.

② Andre Gorz. *Ecology as Politics* [M]. Boston：South End Press, 1980：4-5.

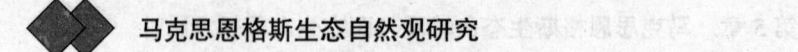

在矛盾，直至追溯到资本主义社会的基本制度，深刻而尖锐地抨击了资本主义的贪婪与盲目，大大提高了当代马克思主义对资本主义现实中所存在问题的判断能力，有力应对了马克思主义同现代生态学相互融合的挑战。① 概括其理论特点如下：

第一，生态学马克思主义认为马克思主义的强大潜力和巨大优势是在于解决自然同社会的关系以及社会内部矛盾的问题上。"因为马克思主义是建立在这样一种社会理论的基础之上的：这种社会理论是唯物主义的，它不仅强调社会的先在的物质生产条件以及这些条件是如何限定人类的可能和自由的，而且，至少在马克思和恩格斯那里，唯物主义从没有失去这些物质条件同自然历史的唯物主义自然观的必然关系的视角。"②生态学马克思主义认为要全面理解马克思的生态自然观就必须首先去了解马克思的唯物主义自然观以及唯物主义历史观之间的关系，否则，是不可能解决当代社会的生态危机的，其原因在于马克思的社会思想与其生态学自然观是依次递进，环环相扣、紧密联系的。生态学马克思主义全面地理解马克思主义的两个重要的理论——辩证唯物主义观和历史唯物主义观，归纳出马克思的生态学关于人和自然关系的理论主张。生态学马克思主义认为，马克思的两个重要理论中唯物主义自然观确立了人从属于自然，是自然的一部分，而且把自然是人化自然的思想涵盖了进去。在历史唯物主义中马克思的伟大贡献在于将人与自然之间进行交换的中介归于劳动，这使得人、自然、劳动三者之间的关系紧密而有逻辑，论据有力而又充分。

第二，生态学马克思主义将当代资本主义的危机归结为生态危机，并从生态学的角度对当代资本主义制度及其生产方式进行了深刻分析与

---

① 郑湘萍. 生态学马克思主义的生态批判理论研究 [M]. 北京：中国书籍出版社，2013：22.

② John Bellamy Foster. *Marx's Ecology* [M]. New York：Monthly Review Press，2000：19.

第5章 马克思恩格斯生态自然观与西方生态思想之比对

尖锐批判，为我们进一步认识资本主义提供了新的理论基础。生态学马克思主义认为，经济危机已经被当代资本主义的生态危机所替代，资本主义在科技的推动下，产生过度生产和过度消费的两大严重问题，并且过度消费已经成为一种补偿人在异化劳动中所遭受痛苦的方式。生态学马克思主义认为资本主义生产方式和生活方式决定了其全球扩张的本性，这种本性及其生产生活方式也成为其造成生态危机、社会与自然的对立和资本主义内部矛盾的根源，这也将直指资本主义制度的本身——通过劳动和技术实现的人与自然的物质变换。在资本主义社会阶段，资本主义的劳动形式和由技术的发展带来过度生产和过度消费的矛盾直接使人和自然关系的异化成为必然，这种人和自然关系异化带来的最终的恶果就是生态危机。生态学马克思主义者分别发展出相应的资本主义理论来批判资本主义对自然的破坏。

第三，人类社会与自然的协调发展是生态学马克思主义发展所要达成的理论目标和现实目标。

生态学马克思主义有共同的理论指向：人类社会与自然和谐相处，共同发展。不要让人类在一个处处受到污染的星球上生活；也不要生活在一个气候恶劣，没有绿色和其他动物，唯有人类居住的星球上；未来的世界不仅在于人类社会内部的平等、自由，更在于人类社会与自然作为一个整体的和谐。人类的自由和人类与自然的协调发展是生态学马克思主义者共同的理论目标和现实目标，并且生态学马克思主义者一致认为人类的自由和人类与自然的协调发展是可以实现的。生态学马克思主义认为生态问题主要是由对待自然的特殊方式所带来的。资本主义社会的生产方式决定了其不可能解决生态矛盾，唯一能消除生态危机的方式就是用社会主义去取代资本主义。改变现行的社会生产、生活方式，避免过度需求和过度消费，人才能合理而有效地利用自然资源，避免人类社会同自然界的冲突与矛盾。在这种人与自然的新模式中，人处于中心位置，自然是人类的家园，人与自然之间是一种和谐的关系。

总之，生态学马克思主义对当代全球生态问题和人类困境的思索，为人类与自然和谐发展的目标上提供了新的视角，值得借鉴。

5.2.4 局限性考量

纵观生态学马克思主义的理论与实践，不难发现其中存在的缺点和不足：

（1）生态学马克思主义从生态学视角出发建构其理论基础，把生态问题看成高于一切的政治行为，主张用"生态危机论"取代"经济危机论"，否认马克思主义经济危机的理论在当代的适用性。生态学马克思主义坚持了马克思对资本主义的批判立场，认为当代资本主义的主要问题是生态危机，而不是经济危机，认为马克思主义关于资本主义经济危机的理论已经不能代表这个时代的诉求，生态危机已经成为资本主义的新危机，因此，必须立足于生态危机来批判资本主义。马克思恩格斯没有预见到资本主义生产方式正在以过快的速度积累资本，以致难以有效利用资本的内在固有趋势，完成其继续生存的能力。资本主义表现为自由经营资本主义并被早期的垄断资本主义所取代期间，大量存在的劳动与资本之间的矛盾无法化解，改变了之前资本无法有效利用的状态，从而引发了阶级重组，资本主义危机的特点随之完全改变。生态学马克思主义批判马克思"完全不知道资本主义制度如何经过经济危机否定自身而走向崩溃"。[①]

（2）生态学马克思主义用人与自然的矛盾来取代资本主义的基本矛盾和主要矛盾。生态学马克思主义从科学技术发展强化了对自然的控制力开始，揭露了控制自然的现代资本主义意识形态根源。"生态马克思主义……把矛盾置于资本主义生产与整个生态系统之间的基本矛盾这一高

---

① [美]本·阿格尔. 西方马克思主义概论 [M]. 慎之，等译. 北京：人民大学出版社，1991：489.

第5章 马克思恩格斯生态自然观与西方生态思想之比对

度加以认识。"① 生态学马克思主义认为正是资本主义的生产方式的存在才形成了资本主义社会中人与人之间剥削与被剥削的社会关系，同时也在无形中决定了人类与自然之间的新型剥削关系，并从属于资本主义剥削的一部分。"资本主义的生态矛盾使可持续发展、'绿色'资本主义成了一种不可能实现的梦想，从而成为一种自欺欺人的骗局。"② 生态学马克思主义夸大了资本主义社会人与自然之间的矛盾的地位，甚至于最后将资本主义的基本矛盾与主要矛盾都用人与自然的矛盾所替代。

（3）生态学马克思主义认为生态危机的根源在于异化消费，要解决生态危机、实现社会变革，消除异化消费是其重要的变革途径。资本主义国家为了保护自己的公共合法性，采取了向个人消费提供源源不断的商品的方式。在当代资本主义社会，人们为了逃避高强度的生产过程，补偿自己那种单调乏味的、非创造性的劳动，而把注意力转向消费领域，试图通过消费活动来"实现自己尚处于萌芽状态的创造性"。生态学马克思主义提出："马克思的异化劳动理论已不再能单独用于分析现代资本主义的危机趋势。"③ 认为当代资本主义的异化消费是与经济的无限增长联系在一起的。统治阶级为了维护自己的统治，不断刺激人们的消费欲望，从而促进了社会生产的无限增长，延长了资本主义制度的寿命。这一理论从马克思的异化劳动概念派生出来，缺乏对人的需求的科学分析，因此，异化消费理论本身存在着明显的缺陷。

（4）生态学马克思主义提出构建生态社会主义的构想，但缺乏实际可操作的行动方案。生态学马克思主义认为，解决生态危机的方式有两

---

① Agger Ben. *Western Marxism: An Introduction* [M]. California: Goodyear, 1979: 273.

② David Pepper. *Eco-Socialism: From Deep Ecology to Social Justice* [M]. New York: Routledge, 1993: 95-98.

③ [美] 本·阿格尔. 西方马克思主义概论 [M]. 慎之，等译. 北京：人民大学出版社，1991: 486.

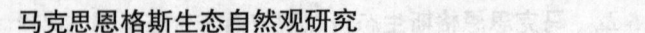

种，一是生态资本主义的方法，另一种是生态社会主义的方法。生态学马克思主义认为，"生态社会主义是指一种在生态上合理而敏感的社会，这种社会以对生态手段和对象、信息等的民主控制为基础，并以高度的社会经济平等、和睦以及社会公正为特征，在这个社会中，土地和劳动力被非商品化，而且交换价值是从属于使用价值的。"① 但在生态社会主义发展经济问题的构想上，生态学马克思主义对现代化大生产持否定态度，主张小规模生产经营，建立一种小国寡民的小范围经济模式，但这同当代社会全球化发展实际相悖，具有浓厚的浪漫主义色彩。

5.3 马克思恩格斯生态自然观与生态学马克思主义的相融性

通过研究生态学马克思主义，我们意识到生态学马克思主义与马克思主义二者有许多思想上的承接性，特别是在自然观上，马克思恩格斯生态自然观与生态学马克思主义在生态自然方面具有相通性，存在着内在的必然联系。马克思恩格斯生态自然观表明，马克思主义思想指导着生态学马克思主义的发展方向。我们不仅应肯定生态学马克思主义与马克思恩格斯自然观的内在联系，而且应该认识马克思主义对生态学马克思主义理论的深远影响。

5.3.1 人与自然的关系

生态学马克思主义详细阐述了马克思、恩格斯关于人和自然关系的思想，指出马恩在控制自然的复杂问题上提出了最为深刻的见解。在马克思恩格斯的所有著作中，自然的观念都是最重要的范畴之一。经劳动

---

① [美]詹姆斯·奥康纳. 自然的理由：生态学马克思主义研究 [M]. 唐正东，臧佩洪，译. 南京：南京大学出版社，2003：439.

第5章 马克思恩格斯生态自然观与西方生态思想之比对

形成的人与自然的相互作用对于马克思主义来说是认识历史的关键。帕森斯指出："离开了人类在自然中的进化和借助工具实现的面对自然的集体劳动，人类是不可想象的。人类与自然辩证关系——人改变自然的同时也在改变自己——是他自己的自然的本质。对人而言，自然是产生了人又为人所产生的有限的材料和环境力量。"①

约翰·贝拉米·福斯特强调了马克思的生态学的实践价值。他指出："假如我们不仅是要去理解世界，而是去改变世界，以使其与人类自由和生态的可持续性的需要相一致，那么在这一方面一种更为广泛的涉及偶然性和共同进化的生态理论就是必要的……重要的是自然是否为人类狭小的目的片面地被支配，或者在一个生产者关联的社会中，人类与自然界之间以及相互之间的异化是否不再作为人存在的前提，需要被意识到的是，所有的疏远都是人类性的。"② 这种更广泛的生态理论就是马克思的社会批判中的生态学，福斯特对马克思的生态学的研究最终得出的结论是"马克思的世界观是一种深刻的、真正系统的生态世界观，而且这种生态观是来源于他的唯物主义的"。③ 这一结论来自对马克思文本的深入研究，是福斯特"系统地重建马克思的生态自然观思想"的结果。

生态学马克思主义者福斯特认为，马克思恩格斯的生态自然观与他们的历史唯物主义是一个整体。他认为，"正是在《资本论》中，马克思的唯物主义自然观和唯物主义历史观结合在一起，在它的成熟的政治经济学理论中，正如在《资本论》中所表现出来的那样，马克思采用了'新陈代谢'来定义劳动过程'是人和自然之间的过程，是人以自身的活动来调整和控制人和自然之间的物质变换过程'，然而，资本主义的生

---

① *Andre Gorz. Ecology As Politics* [M]. Boston: South and Press, 1980: 5

② [美] 约翰·贝拉米·福斯特. 马克思的生态学：唯物主义和自然 [M]. 刘洪胜，肖锋，译. 北京：高等教育出版社. 2006: 169.

③ [美] 约翰·贝拉米·福斯特. 马克思的生态学：唯物主义和自然 [M]. 刘洪胜，肖锋，译. 北京：高等教育出版社. 2006: 169.

产关系和城乡之间相互敌对的分裂,使这种新陈代谢出现了'一个无法弥补的裂缝'。因此,在生产者联合起来的社会条件下,应该有必要'合理地调节他们和自然之间的物质变换',使之完全超越资产阶级社会的容纳范围。"①

恩格斯在人与自然之间的联系问题上,表达了清晰的马克思主义立场:"人在怎样的程度上学会改变自然界,人的智力就在怎样的程度上发展起来。因此,自然主义的历史观,如德雷帕和其他一些自然科学家或多或少持有的这种历史观是片面的,它认为只是自然界作用于人,只是自然条件到处决定人的历史发展,它忘记了人也反作用于自然界,改变自然界,为自己创造新的生存条件。日耳曼人移入时期的德意志的'自然界',现在剩下的已经微乎其微了。地球的表面、气候、植物界、动物界以及人本身都发生了无限的变化,并且这一切都是由于人的活动,而德意志的自然界在这一时期未经人的干预而发生的变化,简直微小得无法计算。"②

在马克思恩格斯的生态自然观中,人与自然的统一是基本的出发点。人与自然的辩证统一包括人的自然存在和自然的人的存在的有机统一,这种辩证统一的实现在于人的实践活动,尤其是人的生产性实践。在人的实践活动中,自然不是抽象的、外在于人的自然,而是人的实践的产物;人的存在的自然性体现了人的世界性存在方式,离开了现实的自然,或者说自然不再是人的生存世界,都是人的生存方式的异化。作为自然的一员,人的存在依赖于自然世界。自然界不仅是社会的富源,更是人类生存之所。在社会中,人的自然存在是人的现实存在,这体现了马克思从社会性维度来看待人—自然—社会的统一关系。

马克思主义认为实践是人与自然统一的基石,实践本身具有历史性,

---

① [美] 约翰·贝拉米·福斯特. 马克思的生态学 [M]. 刘仁胜,肖峰,译. 北京:高等教育出版社,2006:141-142.

② Engels. *Dialectique de la nature* [M]. Paris: Gallimand, 1963: 223.

第5章 马克思恩格斯生态自然观与西方生态思想之比对

实践的历史性决定了人与自然的有机统一的历史性。由于人的实践水平、实践能力、实践方式在不同的历史阶段具有历史性的差异,人的实践所造就出来的自然界也呈现出历史性的不同。实践的自然观是人的生存实践所生产出来的人化自然。在马克思那里,社会历史的出发点是现实的人,人的实践表现为现实的人的生产和生活方式。

马克思提出"人是自然界的一部分",不仅包括人的对象性的存在,更意味着实践所联结起来的人与自然环境的有机整体;意味着"自然界是人的无机的身体",即自然的人的存在。在这里,人是自然界的一部分和自然界是人的一部分,表达了马克思关于人居于自然世界的观念与世界的生存论解释学的整体性互动。这种互动以人的生存实践为中介,人与自然相互敞现。

总结以上,马克思恩格斯生态自然观和生态学马克思主义都认为人与自然构成了生态系统的有机统一整体。因此,两者在人与自然关系问题上达成一致。

5.3.2 资本主义制度与生态危机之间的必然联系

马克思主义认为,资本主义运行本身就存在着内部矛盾。这种固有的矛盾来源于资本主义社会发展的基本规律,即强大的资本主义社会是由强大的生产力决定的,而以资本运作为代表的生产关系束缚了生产力的发展。社会发展的基本矛盾规律在各个社会阶段是普遍存在的,而在当代资本主义条件下又具有现代性特征,"现在,我们眼前又进行着类似的运动。资产阶级的生产关系和交换关系,资产阶级的所有制关系,这个曾经仿佛用法术创造了如此庞大的生产资料和交换手段的现代资产阶级社会,现在像一个魔法师一样不能再支配自己用法术呼唤出来的魔鬼了。几十年来的工业和商业的历史,只不过是现代生产力反抗现代生产关系、反抗作为资产阶级及其统治的存在条件的所有制关系的历史。"①

马克思恩格斯认为，资本主义主导下的现代灾难表现为资本主义社会内部矛盾运行的普遍危机。现代资本主义在其现有的生产条件下，自然资源的需求和匮乏之间的矛盾以及生产对生态环境保护和破坏的矛盾也处于严重的对立状态。由于无限度地追求利益最大化，资本不仅"像狼一般地贪求剩余劳动"，也造成了"对工人在劳动时的生活条件系统的掠夺，也就是对空间、空气、阳光以及对保护工人在生产过程中人身安全和健康的设备系统的掠夺，至于工人的福利设施就根本谈不上了"。②现代工业的世界性全球扩张是由资本的力量主导的，这些人格化的资本奔走于世界各地。即使在后现代时代，虽然资本的主导权和资本对世界的控制力是可以变革的，但是资本是无法被消解的。这里资本的主导权危机表现为资本的现代性问题和当代资本主义生态危机，资本的主导权则是资本的现代性本质。

生态学马克思主义认为，多种因素导致生态危机的发生，解决生态问题是一项复杂而艰辛的系统工程，而进行全方位的变革是其最重要的解决方案。福斯特说："要想遏制世界环境危机日益恶化的趋势，在全球范围内仅仅解决生产、销售、技术和增长等基本问题是无法实现的。这类问题提出得愈多，就愈加明确地说明资本主义在生态、经济、政治和道德方面是不可持续的，因而必须取而代之。"③ 在这里，福斯特意识到资本主义条件下依靠解决生产、销售、技术和增长等问题的方式只是治标不治本，解决不了根本性问题，只有寻获新的社会制度取代资本主义社会秩序，人类才能真正实现可持续发展。他说："我们必须摒弃要求割裂所有生物的社会制度，并由促进整体发展的制度取而代之，如果我们

---

① 马克思恩格斯文集（第2卷）[M]. 北京：人民出版社，2009：37.
② 马克思恩格斯文集（第5卷）[M]. 北京：人民出版社，2009：491.
③ [美] 约翰·贝拉米·福斯特. 生态危机与资本主义 [M]. 耿建新，宋兴无，译. 上海：上海译文出版社，2006：61.

第5章 马克思恩格斯生态自然观与西方生态思想之比对

想拯救地球，必须摒弃这种鼓吹个性贪婪的经济学恶化以此构筑的社会秩序，转而构建具有更广泛价值的社会体制。"①

福斯特认为，资本主义制度既制造了生态危机，也同样阻碍了制度的变革。福斯特写了《生态危机与资本主义》，揭露资本主义利润的无限增长与自然环境的有限性之间存在着不可调和的矛盾。认为共产主义社会将合理地调节它们之间的物质变换，实现人与自然的和谐发展。奥康纳指出："由于资本的过度生产，会带来需要层面的巨大经济压力，这也许就会迫使个别资本将其成本更多地加以外化，并借此来重建其利润。这也就是说，资本会把更多的成本转移到环境、土地和社会中去，此时，国家和国际机构却只能坐观这一切发生而无能为力。"②

高兹指出，当代资本主义社会危机根源在于资本主义生产方式，这是因为资本主义生产方式崇尚经济理性原则，追求效率，替代了"够了就行"的利润的尺度，"成功不再是一种个人评价的事情，也不是一个'生活质量'的问题，而是主要看所挣的钱和所积累的财富多少"。③ 是资本主义使未满足的需要的增长超过了它能满足的需要的增长。因此，消灭生态危机的途径就是经济理性——资本主义的以利润为生产动机的理性，转向生态理性——社会主义的以生态保护为宗旨的理性。也就是说，保护生态环境的最佳选择是社会制度的变革。

佩柏认为，生态问题主要是由对待自然的"特殊性"方式所带来的。在佩柏看来，只要改变现行的社会经济制度，人就能按照理性的方式合理、有计划地利用自然资源，满足人类有限而又丰富的物质需要。在这种人与自然的新模式中，人处于中心位置，自然是人的家园。

---

① [美]约翰·贝拉米·福斯特. 生态危机与资本主义 [M]. 耿建新，宋兴无，译. 上海：上海译文出版社，2006：61-63.

② [美]詹姆斯·奥康纳. 自然的理由：生态学马克思主义研究 [M]. 唐正东，臧佩洪，译. 南京：南京大学出版社，2003：59-63.

③ Andre Gorz. *Ecology As Politics* [M]. Boston：South End Press, 1980：5.

综上所述，生态马克思主义和马克思恩格斯生态自然观都认为：彻底消灭资本主义制度，建立新型的社会主义制度，是消除生态危机的唯一出路。

5.3.3 解决生态危机根本路径

马克思恩格斯对资本主义的批判更为深刻，马克思所提出的生态危机的解决路径最为根本。在社会运动的导向下，生态危机的解决路径为马克思主义对资本主义的批判提供了现实性的导向。现代社会中，资本的保障源于其建立了资本主义私有财产制度，这种批判不仅仅停留在思想观念上，更是以一种社会运动的形式展现出来，马克思说："要扬弃私有财产的思想，有思想上的共产主义就完全够了，而要扬弃现实的私有财产，则必须有现实的共产主义行动"。① 共产主义运动就是要彻底地消解资本主义的控制权，尽管当代的时代背景，即和平与发展成为时代的主题，而且资本主义也在自我调整中重获新生，但是资本主义内在的最深层矛盾却成为生态问题无法根本解决的症结。马克思恩格斯从变革资本主义制度着手，废除资本主义制度，实现共产主义社会的伟大理想，认为"只有一个有计划地从事生产和分配的自觉的社会生产组织，才能在社会方面把人从其余的动物中提升出来，正像生产一般曾经在物种方面把人从其余的动物中提升出来一样"。②

恩格斯在《社会主义从空想到科学的发展》中指出："一旦社会占有了生产资料，商品生产就将被消除，而产品对生产者的统治也将随之消除。社会生产内部的无政府状态将为有计划的自觉的组织所代替。……人们自己的社会行动规律，这些一直作为异己的、支配着人们的自然规律而同人们相对立的规律，那时就将被人们熟练地运用，因而

---

① 马克思恩格斯文集（第1卷）[M]. 北京：人民出版社，2009：231-232.
② 马克思恩格斯选集（第4卷）[M]. 北京：人民出版社，1995：275.

第5章 马克思恩格斯生态自然观与西方生态思想之比对

将听从人们的支配。人们自身的社会结合一直是作为自然界和历史强加于他们的东西而同他们相对立的,现在则变成他们自己的自由行动了。至今一直统治着历史的客观的异己的力量,现在处于人们自己的控制之下了。只是从这时起,人们才完全自觉地自己创造自己的历史;只是从这时起,由人们使之起作用的社会原因才大部分并且越来越多地达到他们所预期的结果。这是人类从必然王国进入自由王国的飞跃。"①

从解决生态危机的角度讲马克思恩格斯生态自然观同生态学马克思主义者的思路是一致的,都认为只有变革资本主义制度,废除旧有的资本主义制度建立新型的社会主义,实现人与自然的互利双赢,才能从根本上解决生态危机。资本受利润的驱使必然会有无限的资源需求,而造成的生态环境的不可逆,因此资本主义这种生产方式无法实现生态和人的共同发展。要解决生态危机,必须改变资本主义的逐利性,而以社会主义制度取代之是解决问题的根本方法。福斯特在《生态危机与资本主义》中指出,现代资本主义的生态危机根源于资本主义制度,只有从资本积累出发才能全面清晰地认识生态危机的性质。"资本主义的生产方式使人类同自然相分离,使人类与自然的关系处于对抗状态。"② 高兹认为,传统的社会主义在社会实践中仍然坚持经济理性,过分地关注经济增长,忽略了生态问题的产生和解决。只要社会主义与资本主义一样坚持经济理性,那它就与资本主义没有本质性区别,也没有办法解决生态难题。奥康纳认为,尽管传统的社会主义不是以利润为生产目的,但它在实践中一直在追求高工资、缩短劳动时间、实现充分就业等,官僚体制中的不协调机制造成了许多严重的环境问题。在他们看来,传统的社会主义无力解决越来越严重的生态问题,只有彻底变革资本主义制度才能解决。

---

① 马克思恩格斯选集(第3卷)[M]. 北京:人民出版社,1995:757-758.
② 马克思恩格斯选集(第4卷)[M]. 北京:人民出版社,1995:547.

在马克思恩格斯生态自然观和生态学马克思主义看来，要解决生态危机，必须改变资本主义生产方式，取而代之以社会主义的生产方式。

5.4 马克思恩格斯生态自然观与生态学马克思主义理论差异性

生态学马克思主义认为，其理论属于马克思主义。"生态学马克思主义之所以是马克思主义的，恰恰因为它是从资本主义的扩张动力中来寻找挥霍性的工业生产的原因。它并未忽视阶级结构。"[①] 但是，在与马克思恩格斯生态自然观相比较后，发展存在许多方面的差别，尤其是在对资本主义基本矛盾的阐释和对社会主义基本特征的理解方面。

5.4.1 对资本主义基本矛盾的阐释

对于资本主义社会的基本矛盾，恩格斯曾明确指出："现在按社会方式生产的产品已经不归那些真正使用生产资料和真正生产这些产品的人占有，而是归资本家占有，生产方式虽然已经消灭了这一占有形式的前提，但是它仍然服从于这一占有形式。赋予新的生产方式以资本主义性质的这一矛盾，已经包含着现代的一切冲突的萌芽。"[②] 导致经济危机的原因就是在于生产资料的私有化和生产社会化的矛盾。

生态学马克思主义将资本主义社会的基本矛盾提升到另一个更大的层面——资本主义生产与整个生态系统之间——进行考察。在生态学马克思主义者看来，马克思主义理论解释了爆发资本主义经济危机的根源——生产力和生产关系的基本矛盾，他同时揭示了当时资本主义社会中的实现矛盾，即生产无限扩大与消费需求不足的矛盾，而生产力和生

---

① 王雨辰. 反对资本主义的生态学——评西方生态学马克思主义对资本主义的生态批判 [J]. 国外社会科学，2008 (1)：11.
② 马克思恩格斯选集（第3卷）[M]. 北京：人民出版社，1995：744.

第5章 马克思恩格斯生态自然观与西方生态思想之比对

产关系之间的这一矛盾被奥康纳称为第一重矛盾。[①] 奥康纳认为,当今社会的生态恶化状况远非马克思时代的生态状况所能及,因此他将生产条件作为与生产力、生产关系同样重要的一个范畴引入马克思主义关于人与自然的社会理论中去。当这个新范畴被引入后,现代资本主义对资源的渴望与人类生态需求的对抗成为资本主义的第二重矛盾,即资本主义生产力和生产关系与资本主义的生产条件之间的矛盾,就是这一矛盾引发了生态危机。

"生产条件"概念被马克思主义概括为三种类型:第一种是关于个体的生产条件,即工人的劳动力;第二种是"社会生产的公共的、一般性的条件",即交通运输等基础设施;第三种是先天的自然条件或外在的物质条件,如动物、空气、水等。劳动力作为生产的个人条件具有虚拟的性质,它并不是为了在市场上出售而被生产和再生产出来的。它既无法与其所有者相分离,也无法在市场上自由地流通。工人的劳动力、他们的身体和精神方面的健康状态、他们的社会化和技术方面的合格化的程度与水平、他们应付劳动关系的压力的能力等不可分割。马克思把第二种生产条件称为"社会生产的公共的、一般性的条件"。生态学马克思主义认为,这里的一般条件不仅包括交通、教育等自然的和社会的基础设施以及一些人造的场所,而且包括社区性资本,即由资本来支撑的社区生活的文化特征。马克思把第三种生产条件称为"外在的物质条件"或"自然条件"。这些自然因素不断进入不变资本和可变资本中,并对物质生产产生不同的影响。优越的自然条件能够提高劳动生产率,从而降低所生产出来的商品的交换价值,而这反过来又会增加剩余价值和利润。[②] 生态学马克思主义认为,在马克思所处的时代,有关自然条件或外

---

① 郑湘萍. 生态学马克思主义的生态批判理论研究 [M]. 北京:中国书籍出版社,2013:182.

② 曾文婷. "生态学马克思主义"研究 [M]. 重庆:重庆出版社,2008:178-179.

在条件的理论是建立在自然界的稀缺性或自然的有限性观念基础之上的。"外在自然界的'价值'不仅以市场需求和地租状况为基础，而且以总体上的经济斗争以及具体的环境斗争为基础，这种环境斗争是围绕着自然界是否能以一种合法的方式被加以利用而展开的。"① 他们认为生产条件不仅是生产力，而且也包括生产关系。

在马克思主义理论中，生产力和生产关系向更为社会化的形式的发展，被看作是向社会主义转型的必要条件；而在生态学马克思主义理论中，生产条件作为社会化的供应模式被看作是向生态社会主义转型的必要条件。生态学马克思主义认为，人类的劳动力、外在自然界和基础设施都不是为了资本主义而被生产和再生产出来的，但是在资本主义社会，这些生产条件却变成了可被买卖和利用的商品或商品化的资本，所以，这些条件的供应必然由国家来进行管理，并把它们当作国家的所有物。生态学马克思主义有关资本主义的双重矛盾的理论对于分析当今资本主义的生态危机具有一定的现实意义和合理性。但是它把人与自然的矛盾看成资本主义的更为基本和主要的矛盾，并以此代替马克思提出的生产社会化与资本主义私人占有之间的矛盾，就偏离了马克思恩格斯的历史唯物主义。

5.4.2 对社会主义基本特征的理解

5.4.2.1 社会生产力的发展

马克思恩格斯认为，社会生产力的高度发展是社会主义社会的特征，马克思恩格斯非常重视物质资料的生产，认为它是"人类生存的第一个前提，也就是一切历史的第一个前提"，② 只有先进的生产力水平，社会成员才能有富足的生活，才能保证人的充分自由的发展。马克思恩格斯认为，在旧式的社会分工条件下，不是劳动者支配生产资料，而是生产

---

① [美]詹姆斯·奥康纳. 自然的理由：生态学马克思主义研究 [M]. 唐正东，臧佩洪，译. 南京：南京大学出版社，2003：234.
② 马克思恩格斯选集（第1卷）[M]. 北京：人民出版社，1995：78.

第5章 马克思恩格斯生态自然观与西方生态思想之比对

资料奴役劳动者，使工人成为资本的奴隶。恩格斯在《政治经济学批判大纲》中，表达了对生产力和科学的乐观看法："人类支配的生产力是无法估量的。资本、劳动和科学的应用，可以使土地的生产能力无限地提高。"

生态学马克思主义不承认生产力的发展是人类社会历史进步的本质，对马克思恩格斯唯物史观关于社会物质生产力和科技进步推动社会发展的理论提出质疑，主张建立一种以生态学视角为基点的哲学历史观。生态学马克思主义认为，在人与自然关系上，马克思恩格斯承袭了人类主体支配和征服自然的非生态学的传统思路，把生产力的无限发展看作是人类社会历史发展的一条基本主线。由于技术和过度生产的发展，人类社会的生产力已经严重损坏了生态环境，并造成了整体上的生态危机。生态学马克思主义提出，人类应立足于社会发展的现实来尊重自然界，并承认生态环境的统一性、系统性，纠正马克思主义那种过分强调征服自然的失误，建立一个以生态学视角为基点的马克思恩格斯哲学历史观。这种新历史观主张"人类的利益高于阶级利益"，"向人们提供非异化的创造性的掠夺，使人们从不必要的有害于生态系统的消费心理中摆脱出来"，使得社会发展"真正植根于人与自然的完全和谐之中"。[①] 我们应当看到，生态学马克思主义所主张建立的那种以生态学为基点的新的马克思主义，否定了经济因素是历史发展的最终决定因素，过分强调生态因素对社会变革的决定性作用，反对经济基础决定上层建筑。这些主张最终导致生态学马克思主义否定马克思主义的历史决定论。

5.4.2.2 关于消灭私有制，生产资料由全社会共同占用

按照马克思主义的观点，至今一切社会的历史都是阶级斗争的历史。"自由民和奴隶、贵族和平民、领主和农奴、行会师傅和帮工，一句话，

---

① [美] 本·阿格尔. 西方马克思主义概论 [M]. 慎之, 等译. 北京: 人民出版社, 1991: 420.

压迫者和被压迫者，始终处于相互对立的地位，进行不断的、有时隐蔽有时公开的斗争，而每一次斗争的结局都是整个社会受到革命改造或者斗争的各阶级同归于尽。"① 在马克思看来，由于生产资料的私有制，参与社会物质生产的人分裂为对立的两大集团，其中一个集团占有生产资料，在生产过程中处于主导地位，发挥着指挥者和领导者的作用，占有大部分物质财富；而另外一个集团虽然承担主要的生产任务，但是由于不占有生产资料而处于被支配和被指挥的地位，获得微薄的物质产品。这两大集团就是社会的两大基本阶级。②

马克思主义认为，"要扬弃私有财产的思想，有思想上的共产主义就完全够了。而要扬弃现实的私有财产，则必须有现实的共产主义行动。"③

在人类发展史上，除了五分法（原始社会、奴隶社会、封建社会、资本主义社会、共产主义社会）社会形态之外，马克思还提出"三分法"：自然经济社会形态、商品经济社会形态和共产主义社会形态。④ "只有资本才创造出资产阶级社会，并创造出社会成员对自然界和社会联系本身的普遍占有。由此产生了资本的伟大的文明作用；它创造了这样一个社会阶段，与这个社会阶段相比，以前的一切社会阶段都只表现为人类的地方性发展和对自然的崇拜。只有在资本主义制度下自然界才不过是人的对象，不过是有用物；它不再被认为是自为的力量；而对自然界的独立规律的理论认识本身不过表现为狡猾，其目的是使自然界（不管是作为消费品，还是作为生产资料）服从于人的需要。"⑤ 在这里，马克思恩格斯的自然概念也只能产生于资本主义时期，在这之前的社会形

---

① 马克思恩格斯选集（第1卷）[M]. 北京：人民出版社，1995：272.
② 王劝民. 从马克思出发："实践的唯物主义"逻辑构造 [M]. 北京：中国社会科学出版社，2009：196.
③ 马克思恩格斯文集（第1卷）[M]. 北京：人民出版社，2009：231.
④ 周林东. 人化自然辩证法 [M]. 北京：人民出版社，2008：370.
⑤ 马克思恩格斯全集（第46卷）[M]. 北京：人民出版社，1971：393.

第5章 马克思恩格斯生态自然观与西方生态思想之比对

态下,自然界还未真正成为人的对象,或者说人的实践活动能力还不足以引起自然界的明显变化。生产资料所有制的归属问题在马克思恩格斯看来是非常重要的。

马克思曾明确指出:"共产主义和所有过去的运动的地方在于:它推翻一切旧的生产关系和交往关系的基础,并且第一次自觉地把一切自发形成的前提看作是前人的创造,消除这些前提的自发性,使它们受联合起来的个人的支配。因此,建立共产主义实质上具有经济的性质,这就是为这种联合创造各种物质条件,把现存的条件变成联合的条件。"[①] 这种所有制将在生产方式上实现彻底的革命,将自然资源的合理配置和自然的可承受能力与修复空间,作为前提要素成为生产组织模式与规模的决定力量。同时,建立在所有制基础上的上层建筑将需求拉回自然的本真状态,并将摆脱束缚人的全面发展作为唯一的价值目标。因而,自然不再是人类认识与改造的客体,而是人类本性建造的主客体统一,是人类本质的真正体现与外化。

而生态学马克思主义认为:社会主义所有制是必要的,主张建立一种计划与市场相结合的社会主义经济模式。认为生产资料归属不是决定性的问题。它不太重视生产资料的所有制问题,认为只要能够在政治上获得掌控权就可以消除现代化大工业造成的全球性生态危机。这种主张违背了马克思恩格斯生态自然观,混淆了资本主义和社会主义的根本区别。

5.5 小 结

从马克思恩格斯生态自然观与生态学马克思主义的相融性和差异性的分析中,我们看到,生态学马克思主义在理论上复兴了马克思恩格斯

[①] 马克思恩格斯选集(第1卷)[M]. 北京:人民出版社,1995:122.

的自然观和历史的唯物主义方法，揭示了马克思恩格斯自然观对于我们的意义——应对全球化时代的政治、经济发展所产生的突出问题。这种理论建构丰富了历史唯物主义在生产与消费关系问题、经济发展与环境保护的稳定性问题，及技术进步的积极影响与负面效应等问题上的理论。生态学马克思主义思想家进一步丰富与完善马克思恩格斯生态自然观理论，他们不仅从马克思恩格斯文本中深入发掘马克思恩格斯自然理论的生态蕴含，同时也开拓了一些新的发展空间。生态学马克思主义的思想家们已经发现了存在于他们自身的与传统的马克思恩格斯生态问题类似的问题，即一方面有关马克思恩格斯与自然问题的争论具有学院式理论争论的特征，没有传播到基层和实践中，另一方面这些争论缺乏理论的深度。这是一对矛盾，同时也是生态学马克思主义目前急于解决的问题。

第6章 结 论

生态问题，是国家可持续发展的基础性问题。所以，站在人与自然相和谐统一的高度，挖掘马克思恩格斯生态自然观思想，从理论上认识和解决当代中国社会的生态问题变得至关重要。马恩对"生态自然观"的基本界定是明确的。由于其所处时代和理论的产生背景，马克思恩格斯没有明确地使用"生态自然观"这一词汇，这门科学也仅是在他们晚年才发展起来的，但基于对他们的著作的挖掘，可见其中到处闪烁着关于改善人与自然、社会之间关系思想的光辉，他们是生态自然观思想的先驱。通过分析可知，马克思恩格斯的生态自然观思想丰富而深刻，具有辩证性、批判性、实践性和历史性的理论特点。中国马克思主义生态自然观作为马克思主义与中国具体实践的又一次成功结合，是马克思恩格斯生态自然观思想在中国的延续，也是中国马克思主义者对马克思主义理论的又一重大贡献。

首先，马克思恩格斯生态自然观是与社会历史观紧密联系的辩证自然观。这种辩证自然观的鲜明特点是：一方面，这种自然观是包含社会历史观的自然观，同样社会历史观也是包含着自然观的社会历史观。这也是马克思生态自然观超越其他关于人与自然关系理论的重要原因。另一方面，马克思恩格斯生态自然观作为与社会历史观交融在一起的辩证自然观，构成了辩证唯物主义和历史唯物主义的重要基石，突出表现了马克思生态思想的重要内容。

其次，马克思恩格斯生态自然观实现人与自然关系问题上的重大变革。马克思恩格斯所设想的人对自然的支配，不会招致掠夺，也不会招致不顾后果的利用。在马克思和恩格斯看来，必须把自然摆在为人类服务的位置，他们希望组织并发展生产以满足人类需求，同时保护好自然的再生产能力。在马克思看来，辩证法位于科学之内，位于人的语境之中，即超出自然本身；而在恩格斯看来，尤其是在他的后期著作中，辩证法正好位于物质的核心，独立于人。在他们宣布共产主义社会将实现人与自然、人与人的和解时，必然有着某种救世的意味。

最后，马克思恩格斯生态自然观提供了对人与自然关系问题的科学解答。马克思恩格斯生态自然观是建立在以物质生产为基本形式的社会实践基础上的自然观，是坚持在呵护好生态与环境过程中实现人道主义的自然观。其一，马克思认为，自然界的客观性、对人的先在性和制约性决定了人类必须尊重和善待自然，建设人与自然和解的环境友好型社会具有客观性和必然性。其二，马克思恩格斯认为，自然异化是人类不适当地改造自然以及在私有制条件下出现的劳动异化所造成的。其三，马克思恩格斯认为尊重自然环境和善待自然环境是为了达到发展的可持续性。其四，马克思将与人发生关系的自然环境的优化作为促进人自由而全面发展的重要前提条件，指出人应该在优美的生态与环境中工作和生活。

著者认为，马克思恩格斯像其他许多先行者一样，给生态自然观研究提供了许多可值得借鉴的理论基础。

参考文献

（一）著作

[1] 马克思恩格斯全集（第1卷）[M]. 北京：人民出版社，2009.

[2] 马克思恩格斯全集（第2卷）[M]. 北京：人民出版社，1957.

[3] 马克思恩格斯全集（第3卷）[M]. 北京：人民出版社，1960.

[4] 马克思恩格斯全集（第18卷）[M]. 北京：人民出版社，1964.

[5] 马克思恩格斯全集（第19卷）[M]. 北京：人民出版社，1963.

[6] 马克思恩格斯全集（第20卷）[M]. 北京：人民出版社，1971.

[7] 马克思恩格斯全集（第23卷）[M]. 北京：人民出版社，1972.

[8] 马克思恩格斯全集（第25卷）[M]. 北京：人民出版社，1974.

[9] 马克思恩格斯全集（第27卷）[M]. 北京：人民出版社，1972.

[10] 马克思恩格斯全集（第30卷）[M]. 北京：人民出版社，1995.

[11] 马克思恩格斯全集（第32卷）[M]. 北京：人民出版社，1974.

[12] 马克思恩格斯全集（第40卷）[M]. 北京：人民出版社，1965.

[13] 马克思恩格斯全集（第42卷）[M]. 北京：人民出版社，1979.

[14] 马克思恩格斯全集（第45卷）[M]. 北京：人民出版社，1985.

[15] 马克思恩格斯全集（第46卷）[M]. 北京：人民出版社，1980.

[16] 马克思恩格斯全集（第47卷）[M]. 北京：人民出版社，1979.

[17] 马克思恩格斯全集（第48卷）[M]. 北京：人民出版社，1985.

[18] 马克思恩格斯文集（第1卷）[M]. 北京：人民出版社，2009.

[19] 马克思恩格斯文集（第2卷）[M]. 北京：人民出版社，2009.

[20] 马克思恩格斯文集（第5卷）[M]. 北京：人民出版社，2009.

[21] 马克思恩格斯文集（第8卷）[M]. 北京：人民出版社，2009.

[22] 马克思恩格斯文集（第9卷）[M]. 北京：人民出版社，2009.

[23] 马克思恩格斯文集（第42卷）[M]. 北京：人民出版社，1979.

[24] 马克思恩格斯选集（第1卷）[M]. 北京：人民出版社，1995.

[25] 马克思恩格斯选集（第3卷）[M]. 北京：人民出版社，2012.

[26] 马克思恩格斯选集（第4卷）[M]. 北京：人民出版社，1995.

[27] [德] 黑格尔. 自然哲学 [M]. 梁志学，译. 北京：商务印书馆. 1980.

[28] [德] 黑格尔. 历史哲学 [M]. 王造时，译. 北京：生活·读书·新知三联书店. 1956.

[29] [德] 路德维希·费尔巴哈. 费尔巴哈哲学著作选集（上卷）[M]. 荣震华，李金山，译. 北京：商务印书馆. 1984.

[30] [德] 路德维希·费尔巴哈. 费尔巴哈哲学著作选集（下卷）[M]. 荣震华，王太庆，刘磊，译. 北京：商务印书馆. 1984.

[31] [德] 卡尔·柯尔施. 卡尔·马克思 [M]. 熊子云，翁廷真，译. 重庆：重庆出版社，1993.

[32] [德] 马克斯·霍克海默，本奥多·阿多诺. 启蒙的辩证法 [M]. 渠敬东，曹卫东，译. 上海：上海人民出版社，2003.

[33] [德] 施密特. 马克思的自然概念 [M]. 吴仲昉，译. 北京：商务印书馆. 1988.

[34] [德] 梅林. 马克思传（上卷）[M]. 樊林，译. 北京：生活·读书·新知三联书店. 1965.

[35] [德] 马丁·海德格尔. 存在与时间 [M]. 陈嘉映，王庆节，译. 北京：生活·读书·新知三联书店，2006.

[36] [德] 马丁·海德格尔. 面向思的事情 [M]. 陈小文，孙周兴，译. 北京：商

务印书馆, 1999.

[37] [法] 科尔纽. 马克思恩格斯传: (第一卷) [M]. 刘丕坤, 王以铸, 杨静远, 管士滨, 译. 北京: 生活·读书·新知三联书店, 1963.

[38] [加] 本·阿格尔. 西方马克思主义概论 [M]. 慎之, 等译. 北京: 人民出版社, 1991.

[39] [美] 路德·宾克莱. 理想的冲突 [M]. 马元德, 译. 北京: 商务印书馆, 1983.

[40] [美] 赫伯特·马尔库塞. 爱欲与文明 [M]. 黄勇, 译. 上海: 上海译文出版社, 1987.

[41] [美] 赫伯特·马尔库塞. 单向度的人 [M]. 刘继, 译. 上海: 上海译文出版社, 1989.

[42] [美] 詹姆斯·奥康纳. 自然的理由: 生态学马克思主义研究 [M]. 唐正东, 译. 南京: 南京大学出版社, 2003.

[43] [美] 约翰·贝拉米·福斯特. 马克思的生态学: 唯物主义与自然 [M]. 刘仁胜, 肖峰, 译. 北京: 高等教育出版社, 2006.

[44] [美] 约翰·贝拉米·福斯特. 生态危机与资本主义 [M]. 耿建新, 宋兴无, 译. 上海: 上海译文出版社, 2006.

[45] [美] 约翰·贝拉米·福斯特. 马克思的生态学: 唯物主义和自然 [M]. 刘红胜, 肖锋, 译. 北京: 高等教育出版社, 2006.

[46] [匈] 卢卡奇. 关于社会存在的本体论 [M]. 白锡塑, 张西平, 译. 重庆: 重庆出版社, 1993.

[47] [日] 岩佐茂. 环境的思想 [M]. 韩立新, 译. 北京: 中央编译出版社, 1997.

[48] [苏] 图加林诺夫. 马克思主义中的价值论 [M]. 齐友, 王霁, 安启念, 译. 北京: 中国人民大学出版社, 1989.

[49] [苏] 列尼·巴日特诺夫. 哲学中革命变革的起源——马克思的《1844年经济学哲学手稿》[M]. 刘丕坤, 译. 北京: 中国社会科学出版社, 1981.

[50] [匈] 卢卡奇. 历史与阶级意识 [M]. 杜章智, 任立, 燕宏远, 译. 北京: 商务印书馆. 1992.

[51] [匈] 卢卡奇. 关于社会存在的本体论 [M]. 白锡堃, 等译. 重庆: 重庆出版社, 1996.

[52] [匈] 卢卡奇. 历史和阶级意识 [M]. 张西平, 译. 重庆: 重庆出版社, 1989.

[53] [英] 戴维·佩柏. 生态社会主义: 从深层生态学到社会公正 [M]. 刘颖, 译. 山东: 山东大学出版社, 2005.

[54] [英] 柯林伍德. 自然的观念 [M]. 高国盛, 译. 北京: 北京大学出版社, 2006.

[55] [英] 马尔萨斯. 人口原理 [M]. 朱泱, 胡企林, 朱和中, 译. 北京: 商务印书馆. 1992.

[56] 陈凡. 自然辩证法概论 [M]. 北京: 人民教育出版社, 2010.

[57] 杜向民, 樊小贤, 曹爱琴. 当代中国马克思主义生态观 [M]. 北京: 中国社会科学出版社, 2012.

[58] 方世南. 马克思环境思想与环境友好型社会研究 [M]. 上海: 上海三联书店. 2014.

[59] 郭贵春. 自然辩证法概论 [M]. 北京: 高等教育出版社, 2013.

[60] 郭剑仁. 生态地批判—福斯特的生态马克思主义思想研究 [M]. 北京: 人民出版社, 2008.

[61] 胡莹. 福斯特生态学马克思主义思想研究 [M]. 哈尔滨: 黑龙江大学出版社, 2013.

[62] 黄志斌. 自然辩证法概论新编 [M]. 合肥: 安徽大学出版社, 2007.

[63] 金以圣. 生态学基础 [M]. 北京: 中国人民大学出版社, 1987.

[64] 刘增惠. 马克思主义生态思想及实践研究 [M]. 北京: 北京师范大学出版社, 2010.

[65] 李世书. 生态学马克思主义的自然观研究 [M]. 北京: 中国编译出版

社，2010.

[66] 刘思华．生态学马克思主义经济学原理［M］．北京：人民出版社，2006.

[67] 刘卓红，石德金．早期西方马克思主义社会观［M］．北京：社会科学文献出版社，2011.

[68] 马俊峰．马克思主义价值理论研究［M］．北京：北京师范大学出版社，2012.

[69] 钱俊生，余谋昌．生态哲学［M］．北京：中共中央党校出版社，2004.

[70] 孙洪敏，牟岱，陈东冬．当代中国马克思主义理论研究［M］．北京：人民出版社，2011.

[71] 陶火生．马克思生态思想研究［M］．北京：学习出版社，2013.

[72] 田鹏颖．马克思与社会工程哲学［M］．北京：人民出版社，2012.

[73] 吴晓明，陈立新．马克思主义本体论研究［M］．北京：北京师范大学出版社，2012.

[74] 王彦丽．多维视阈：马克思的自然概念与伦理价值［M］．北京：中国社会科学出版社，2012.

[75] 王雨辰．中国语境中的西方马克思主义哲学研究［M］．湖北：湖北人民出版社，2010.

[76] 王劾民．从马克思出发："实践的唯物主义"逻辑构造［M］．北京：中国社会科学出版社，2009.

[77] 王晓升．西方马克思主义意识形态理论［M］．北京：社会科学文献出版社，2009.

[78] 魏发辰，刘建生，刘秀萍，孙夕龙．自然辩证法纲要［M］．北京：北京交通大学出版社，2006.

[79] 郇庆治．自然环境价值的发现：现代环境中的马克思主义自然观研究［M］．南宁：广西人民出版社，1994.

[80] 徐民华，刘希刚．马克思主义生态思想研究［M］．北京：中国社会科学出版社，2012（10）.

[81] 肖前．萧前文集［M］．北京：中国人民大学出版社，2004.

[82] 解保军．马克思自然观的生态哲学意蕴——"红"与"绿"综合的理论先声 [M]．哈尔滨：黑龙江人民出版社，2002．

[83] 余谋昌．自然价值论 [M]．西安：陕西人民教育出版社，2003．

[84] 余谋昌．环境哲学：生态文明的理论基础 [M]．北京：中国环境科学出版社，2010．

[85] 俞吾金，陈学明．国外马克思主义哲学流派新编（西方马克思主义卷）[M]．上海：复旦大学出版社，2002．

[86] 叶平．回归自然：新世纪的生态伦理 [M]．福州：福建人民出版社，2004．

[87] 周林东．人化自然辩证法——对马克思自然观的解读 [M]．北京：人民出版社，2008．

[88] 曾文婷．生态学马克思主义研究 [M]．重庆：重庆出版社，2008．

[89] 郑湘萍．生态学马克思主义的生态批判理论研究 [M]．北京：中国书籍出版社，2013．

[90] Andre Gorz. *The Critique of Economic Reason* [M]. United Kingdom：London Press. 1976.

[91] Andre Gorz. *Division of labor：the labor process and class struggle of modern capitalism* [M]. United Kingdom：Harvest Press. 1978.

[92] Agger Ben. *Western Marxism：An Introduction* [M]. California：Goodyear. 1979.

[93] Andre Gorz. *Ecology as Politics* [M]. Boston：South End Press. 1980.

[94] B. Commoner. *The Closing Circle：Nature，Man and Technology* [M]. New York：Alfrd. Knopf. 1971.

[95] Cf. *Marx und die Ökologie* [M]. Berlin：Kursbuch. 1973.

[96] David Pepper. *Eco－Socialism：From Deep Ecology to Social Justice* [M]. New York：Routledge. 1993.

[97] Engels. *Dialectique de la nature* [M]. Paris：Gallimand. 1963.

[98] J. B. Foster. *Marx's Ecology* [M]. New York：Monthly Review Press. 2000.

[99] John Bellamy Foster. *Marx's Ecology* [M]. New York：Monthly Review

Press. 2000.

[100] K. Marx. *Manuscripts de 1844* [M]. Paris：Editions Sociales. 1972.

（二）论　文

[1] 白雪涛．马克思生态哲学思想的当代价值［J］．南京工业大学学报，2005（04）：9-12.

[2] 陈娆燕．论科学发展观人本价值向度的科学性与伦理精神的统一［J］．求索，2006（07）：158-159.

[3] 何萍．自然唯物主义的复兴—美国生态学的马克思主义哲学评析［J］．厦门大学学报．2004（02）：13-20.

[4] 蒋笃运．试论马克思人化自然观生态文明意蕴［J］．自然辩证法研究．2000（10）：7-10.

[5] 刘福森，曲红梅．"环境哲学"的五个问题［J］．自然辩证法研究．2003（03）：6-10.

[6] 刘仁胜．马克思关于人与自然和谐发展的生态学论述［J］．教学与研究，2006（06）：62-67.

[7] 罗君，郑坤．浅谈马克思主义人的全面发展理论在中国的发展［J］．中国界，2008（06）：266.

[8] 牛德林．论人的本质、人的全面发展与人的可持续发展［J］．哈尔滨市委党校学报，2008（11）：16-18.

[9] 秦书生，王宽．马克思恩格斯生态文明思想及其传承与发展［J］．理论探索，2014（01）：39-43.

[10] 陶火生．生态哲学视阈下的马克思自然生产力思想研究［J］．武汉科技大学学报，2011（10）：54-58.

[11] 王雨辰．反对资本主义的生态学—评西方生态学马克思主义对资本主义的生态批判［J］．国外社会科学，2008（01）：4-11.

[12] 王晓杰．马克思人的全面发展思想的时代诠释［J］．马克思主义与现实，2008

(03): 120-122.

[13] 吴冰, 季秋轩. 科学发展观与人的全面发展 [J]. 解放军艺术学院学报, 2008 (03): 84-87.

[14] 余谋昌. 马克思和恩格斯的环境哲学思想 [J]. 山东大学学报, 2005 (06): 83-91.

[15] 张明国. 马克思主义自然观概述 [J]. 北京化工大学学报, 2012 (04): 1-6.

[16] 周林东. 解读"自然辩证法" [J]. 当代国外马克思主义评论 (第二辑), 2001 (09): 67.

[17] 周志山. 资本关系的扬弃与社会发展的转折 [J]. 社会科学, 2005 (12): 112-119.